On the way

Don't ask me where to go

把青春留给未知的目的地

BAQINGCHUNLIUGEIWEIZHIDEMUDIDI

钟妮 著

我暴走世界，
我要走到青春和世界的尽头，
谈一场青春恋曲，
徒步寻找爱的世界地图。

廣東旅游出版社
GUANGDONG TRAVEL & TOURISM PRESS
悦读书·悦旅行·悦享人生
中国·广州

图书在版编目（CIP）数据

把青春留给未知的目的地 / 钟妮著. — 广州 ：广东旅游出版社，2014.10
ISBN 978-7-80766-918-0

Ⅰ. ①把… Ⅱ. ①钟… Ⅲ. ①旅游指南－东南亚 Ⅳ. ① K933.09

中国版本图书馆 CIP 数据核字 (2014) 第 219799 号

出 版 人：刘志松
策划编辑：张晶晶
责任编辑：郑作民
封面设计：王 云
版式设计：藺 辉
责任技编：刘振华
责任校对：李瑞苑

广东旅游出版社出版发行
（广州市天河区五山路483号华南农业大学公共管理学院14号楼3楼 邮编：510642）
联系电话：020-87348243
印 刷：深圳市希望印务有限公司
（深圳市坂田吉华路505号 大丹工业园二楼）
开 本：965毫米X1280毫米 1/32
印 张：7
字 数：100千字
版 次：2014年11月第1版
印 次：2014年11月第1次印刷
印 数：1-4000册
定 价：29.80元

目录 Contents

目录 Contents

序言 Introduction

背包三年，一直在路上。未来，也在路上，我想要一直走下去。不要问我去哪里，我是满世界奔跑的小女孩。我暴走世界，我要走到青春和世界的尽头，谈一场青春恋曲，徒步寻找爱的世界地图。

我的心，在家；家，在世界，我以世界为家。

旅行，是我的生活，说走就走，只为了去爱的地方。做有爱的事情，遇见有爱的人，每次都拿命去旅行，每次都极尽疯狂，永远不会觉得累，喜欢暴走、爬山，摸爬滚打，爱上各种夜班车，和大自然融为一体。

现在我已成为一名高校教师；同时，我也在环游世界。

我很穷，但是依然穷游了 50 多个国家。我出生于普通的家庭，所有旅行的费用都是我自己辛辛苦苦赚来的，或是从我父母给我的留学生活费中节省出来的。我没有得到任何赞助，也没有花过别人的钱。我在 40 个国家当过沙发客，在 20 个国家搭过顺风车，睡过各种地板、沙发、车站、阳台。

我的旅行方式很不一样，不止是彻底地穷游，我还去过太多危险的地方，每天都很惊心动魄，每天也都感受着这个世界的美，它带给我深深的感动。我喜欢跟当地人一起，和他们打成一片传递世界爱心，还收获了很多珍贵的友情。我的旅行，是带上父母去旅行，他们虽然不在身边，可是我每天都会联系他们，让他们也跟着我环游世界。

我无法停止，我想要和别人不一样的旅程和生活。我好想念太阳让整个身体燃烧的感觉，好想继续坐上火车大巴，在上面疯狂地想象和创作；好喜欢按下相机快门的瞬间。我爱音乐、爱创作，我的旅行，是寻找音乐、用心创作。

在旅程中，我感觉生命是甜的、是有意义的，我感受到我活着的力量。真正无价的，是我得到的感动，我心里满满的正能量。其实，我最想的，还是想再遇见一些人。

这次我选择的是东南亚。去东南亚之前，我一个人在北京拼搏了几个月，住在五环以外，住过阴暗冰冷的地下室，每天为了赚几十块钱，坐两个小时公交车上班。同时用了一个月没日没夜地写作，完成了自己第一部书稿，是关于之前的旅途，西藏、尼泊尔、印度的。刚好我的好姐妹娟娟辞职，可以和我一起去越南和柬埔寨，行程和上次有点像。一半，两人同行；另一半，则是我一个人的旅行。和好朋友一起玩越南和柬埔寨，一个人去老挝，这个路线可以称得上完美。

东南亚，是一个值得长久停留、放松自己、远离都市喧嚣、重新发现自己的地方，所有人都可以在这里放开自己，找到真实的自己，所有人都应该相亲相爱，谁都不应该是陌生人。幸福的方法很简单，那就是做一个充满微笑，对别人微笑、对世界微笑的好人。

这次旅行，让我一个人的时候不再害怕孤单，不再彷徨，对自己的旅程有了更多的把握和认识。之前就是凭着一个“勇”字，什么都不怕，经过东南亚之行，我学会了要细细地用心领悟自己看到的每一个事物，要更加投入更多爱心到沿途遇见的人和事中，要更加努力地学习当地文化，充实自己的内心，通过旅行，做一个永远热爱生活、热爱世界的善良的人。

东南亚之旅过后，我一个人独闯中东，又花了三个多月走了欧洲北非……

我旅行，在于更好地感受一个国家，我会选择在一个国家去更多不同的城市，却并不贪去更多的国家，在我眼里，世界就是一家，国家只是个名字。不分国家，不分你我。

别问我旅行之后得到了什么。没有，我失去了安定的生活，损失了钱财，没有了工作，但是我不需要得到什么，只要有旅行，就足够。

走吧，跟我一起去旅行吧，一起去寻找爱和幸福吧。把青春交给远方的人们，走遍美好的地方，让青春散发魅力。

Vietnam

越南

Chapter 01
越南，让我忘记青春的伤痛

Vietnam

所有的梦想依然存在，并且会越来越积极向上，
我不可以活得压抑，我要去旅行，去流浪。

带着眼泪，去旅行

年初一那天，窗外还飘着细细的大雪。一大早天还没亮，全家人都起来了，赶紧给我张罗了一桌好饭，为我的出行作准备。我要转两次火车到南宁，然后再坐巴士到河内，在路上就要耗掉一天多，大家要跟我一起好好吃顿饭。

即便我在北京一事无成，只完成了自己的一本不知道是否可以出版的书，我还是觉得不能让自己沉沦，不能让自己气馁和颓废；相反，我要更加地疯狂，继续我的创作。到东南亚，加入他们的狂欢，让自己精神起来，让自信闪闪发光，找到人生的目标。但是我觉得，在北京的日子自己并不是没有收获的，这段时间的艰苦，让我更加坚强和勇敢。上次去印度、尼泊尔的经历，当时觉得坎坷，现在想起，觉得只是一点小挫折。

进站之前，只看了他们一眼，再也不敢多看了，因为他们每次都会看着我上火车才离去。我就是这么锻炼过来的，上大学以来的五六年，经历了无数的离别。大学毕业后的我，在全国各地闯荡，在世界进行着未知的旅行。在旅行中，我永远是那个最有冲劲、最不可阻挡的“侠客”，然后带着这股志气，回到现实生活中来。

所有的梦想依然存在，并且会越来越积极向上，我不可以活得压抑，我要去旅行，去流浪。

Vietnam

大家都带着自己的希望出来旅行。
以前的事情，让我们都忘记吧。

人生，错过一些东西，会给你意外的收获。

九点，火车到了南宁，我立刻马不停蹄地奔向汽车站。火车站附近的汽车站很难找的，最好问问人，快速直接。我坐上了 6 路公交车，奔往琅东车站，今天天黑之前要到越南河内。

巴士上，看着窗外烟雨蒙蒙，别有一番景象。朦胧之中，更加增添了层次和印象。从火车站到琅东车站这条路，明显是一条很美很美的路，记载着这个城市的文化和气息。飘飘洒洒的雨，在绿树之间旅行。正如我，在这片无限美好的清新和绿意中环游。我喜欢这里，这场雨下得很适合，在湿润之间，我可以更多地感受到这个城市的干净和宽敞，满满的绿化带，很清新。树上挂满了灯笼，很有过节气氛。

这里融合了广东文化和云南文化，这条道叫民族大道，一路都是民族景点。我每到一个地方都喜欢去坐坐当地的公交车，可以很好地感受当地的文化。

四十分钟后到了车站，我马上买了到河内的票。刚好赶上十点半的，不然就要等下午一点半的了。车站挺好的，专门设有女性购票窗口，很方便，去越南和港澳台地区的国际同胞还有专门候车室，还有无线网络，工作人员也很亲切。旅程的头开得不错，彻底再见了，阴冷的冬天；走，让我们去热带狂欢吧。

从南宁到越南关口的风光，也都是充满着云南风情，国外的热带气息扑鼻而来，田野与绿树，奇怪形状的山峰，流动的野性大自然，心情开阔潇洒。

可能是年初一，过关也非常轻松顺利。过关时，我还认识了三个也是去越南旅行的女生，她们是来自广东的背包客，都是决定在东南亚挥洒一把青春的"侠女"。

之后大家坐到了一起，很快就聊到了一起，聊我们旅行的那些疯狂的小事，那些所见所闻，还有人生的态度和生活的精神。

天气比想象中冷很多，一片白色加绿色的景象，一直延伸到河内。记得上次印度与尼泊尔之行，在旅程中遇见的很多人，对我的评价是——我是一个觉得哪里都好玩的人。是的，每到一个地方，我总能够发现值得欣赏的东西，哪怕只是一个小地方、小事情，其中的代表，是吴先生，那个我们在旅途中意外相遇之后又带给我伤痛的人，我现在还记得。

离开了北京到现在的一切，我都觉得很美，心里觉得很舒服，人觉得舒心了不少，眼前所看到的所有景致，我都觉得自己正在靠近更加精彩的青春。处处，都有不平凡的景，只要你用心去呼吸。

经过七八个小时的巴士观光，我们进入河内了。河内初印象，超乎想象的好，法式洋楼，安稳平和的生活气息，这里有好多不一样的颜色，找不到重复，不一样的特别，走出循规蹈矩的死板。

一想起马上要见到亲爱的闺蜜，真的好开心。一想到她正在酒店等着我，就好有归属感啊。我和路上遇见的几个中国人走路到旅馆，沿途欣赏老街区，各种餐厅、店铺、大排档，热闹极了，我边走边问人，还好每条路都有名字，问人比较方便。走到湖边一切豁然开朗，街道宽敞干净，这里像尼泊尔的泰米尔，不过豪华一点。河内的餐厅也多。到了还剑湖附近，我就发现我更爱河内了。

旅馆就在中心区的巷子里，找旅馆的过程中很高兴地逛了逛河内的街道，比想象中美好，很有自己的东南亚风情，却又有点欧洲特色。总之，这里很适合旅行，很适合背包客。

三个广东女生没有订旅馆，就跟着我，一起寻找旅馆。后来，她们也决定住同一家旅馆。一进入旅馆，我就看见了坐在酒店大厅里的娟娟。幸福死了！能以这种方式见面，能和闺蜜一起旅行，本身就是一个甜蜜的梦。

老朋友温暖地见了面，温暖地一起进了旅馆，再温暖地收拾了一下，就温暖地准备探索这个城市了。除了今天天气很冷，一切都很温暖，小却温馨的房间，两个爱旅行的好朋友，还有傍晚河内的风情，再冷，心也觉得热乎乎的。

好朋友见面，有说不完的话题，我们毕业之后，一年多没见面，大家都发生了好多故事。大家是如此不同，却又感觉一点都没变，即使这么久没见，也一点不陌生。不用嘘寒问暖，就像一直见面的朋友一样，直奔主题。

“我是不是胖了？”我问娟娟，其实我想说的是，我在北京没有受苦、没有憔悴，请不要看出我的憔悴。

“还好，看不太出来。”

“你瘦了啊，更好看了，脸型好看。”

娟娟的身材一直很好，现在更加完美了。“真的吗？好像是，可是上班一直坐在那里，屁股都坐大了。”

和娟娟的坐办公室不同，我在北京，每天都东奔西跑，吃灰尘，晒太阳，淋雨水，在冰冷的纷飞大雪中等车搭车打工，胖的原因是几乎每天都边走边吃早餐，消化不好。

娟娟知道一点我在北京的艰苦生活，但我不想在她面前表现出丝毫内心的郁闷，我还是她之前认识的那个阳光灿烂的疯女子。她跟我不同，她有一份很好的工作，只不过刚辞职，大家都带着自己的希望出来旅行。以前的事情，让我们都忘记吧。

其他几个美眉也安顿好了，不过她们要调整一下再出去。

可能是有娟娟在，走在路上，我觉得特别安心。

我们首先去了还剑湖附近，夜晚的还剑湖，亮着五光十色的小灯泡，我们绕湖走了一圈，并打算今晚最主要的活动是寻找美食。湖边有演出，有围观的人群，有五颜六色灯光的建筑，似乎都在欢迎我们的到来，知道我们要在这里大经历一番。

说起越南，最出名要数越南米粉，晚上当然是去大排档吃米粉。我们不去豪华餐厅，逛着逛着，就到了当地人的大排档，所有东西都直接摆在路边，几张塑料桌子和凳子，有好多好多档，都不知道去哪一家了，我们在好几家附近徘徊思考。

“去哪一家呢？”

“好像都差不多。”

“就这家吧，人比较多，而且看上去比较干净。”

其实，是这家大排档做米粉的女子看上去比较友善，她还对我们微笑，看她的眼睛，就感觉她做出来的东西很好吃。旅行中，人与人的沟通和友爱是不可少的，微笑和友善是最美味的。

一碗鸡肉米粉四万越南盾左右，简单清淡，里面有一种越南专用香料，有点咸，就像印度咖喱的味道一样。它的制作过程挺简单的，这也正是它的特色。

有时候，用最简单的方式会做出最感人的味道，抛开了修饰和用心，简简单单，让人愉快。

一个人吃大排档，是孤单的；两个人，是幸福的。好喜欢这种感觉，两个人凑在当地人中，坐在矮桌子旁小凳子上，吃着鸡肉米粉，恨不得我们可以把这个地方的小吃都吃一遍，真的恨不得可以一直坐在这里吹吹风、聊聊天。

越南的鸡肉米粉，简单却好吃，可以变化出各种不同的口味，坐在大排档，可以亲眼看见制作的过程，鸡汤很鲜美，越南的气息很浓，浓烈得像正要开展一场火热的新恋情。

我和娟娟两人吃完米粉，就随便在街上逛了逛。河内的街也很多、很凌乱，不过多走几次，就能够分清方位，不用害怕在这里迷路。即使走到陌生的街道，看到一些小吃摊、大排档，也不会觉得害怕。河内真的有很多小吃摊，在这里的时候，要好好研究一下这些温暖的美食。

我们在巷子里继续逛，逛着逛着就顺着路回旅馆了。夜晚的空气冰凉，可是好舒服、好畅快，全身的细胞都舒张了，在呼吸、在新生，一点一点地，我开始感觉到全身开始充满爱。新的世界，需要自己去创造，去感受。旅行中发生的故事，足够两个人一直聊，每个人生活的故事，也足够两人一直倾诉。旅行，要跟好朋友去，两人的默契和支持，是旅途中最好的力量。旅馆是娟娟提前网上订的，不过我们也只订了这一家旅馆。之后的旅程，依然是去了再找。之后，依然未知；寻找，才是青春的主旋律。

Vietnam

我们在岸边寻找了好久，不得不放弃，

不得不承认我们这回真的遇到骗子了。

一开始就这么惊险疯狂，不敢想象的未来

来了越南，怎么能不去下龙湾呢？这里是海，感觉是肯定不一样的，为了发现不一样的感觉，为了发现不同的元素，我决定闯一闯，不跟团，自己走一次，亲自验证一下。

我们两个不怕死地打算从旅馆走到嘉琳车站，从嘉琳车站要先坐车到白雀，然后从白雀去下龙湾。在北京折腾惯了，要继续折腾自己。既然要走就走到底，我查了地图，车站貌似只有五六公里，徒步要一小时左右。谁知道一走起来，就一发不可收了。路比想象中远太多，不仅远，我们还迷路，按照 LP《孤独星球》上的地图还是不够。嘉琳车站实在不好找，绝对是远离了市中心。

一路上，我们问了好多人，都指示我们要跨过眼前

的一座大桥。看地图，这桥似乎一点也不长，我们两个想也没想就走了上去。结果才发现，这座桥一望没有尽头，而桥下面就是滚滚江水，原来这就是著名的红河。桥上是一条大铁路，各种大车呼啸而过，就我们两个走路的。这座桥到底多长，到底尽头那边是什么？好远，好远。

我们脚下就是滔滔江水，还没来得及思考有关红河的一切，一辆火车就从桥上呼啸而过。它呼啸而过的时候，我感觉自己都要站不稳了，加上这里风力极强大，可以一下就把人卷走。再看看这桥，人行道的宽度就只有两个脚掌那么大。更重要的是，我们走在桥边，感觉很不稳；实在太刺激了，跟玩命一样。风很大，快要把人刮跑了。

“啊，好恐怖啊，脚都抖了。”

“你看，这路上有些地方是镂空的，踩空就掉下去了。”

“是啊，感觉好不牢固啊。”

“天啊，好恐怖。”

我们两个尽情地在桥上感受着惊险的世界，第一次跨越这么长和危险的桥，我感觉我都远离了世界了。

太喜欢这刺激了。如果我们跟团，就不可能有这种体验了，这种体验是一辈子永远难忘的。我在红河大桥上坚挺前进，风很大，路很长，我们只知道无穷无尽地走。而我在北京时，几乎每天都要找新的地点，每天都要看很多地图，积累了很多经验。

在迷路中，发现了最不可思议的风景。这一切都是靠自己发现的。世界上很多风景，在于体验，也都是很多人体验之后的发现，现在，我已经不怕迷路了。

我们就差不多走了一上午，走到了嘉琳车站。买车票的时候，我才发现，车票不是很便宜，往返算下来的话，其实跟团要划算。有些地方跟团去，必然有它的理由，但是我们还是很享受刚才那个过程，必定总要经历点什么，才能拥有独一无二的旅程。

其实，最考验人的，不是刚才的徒步，而是从现在开始要抓紧时间从白雀回河内的最后一班车是下午五点，也就是说我们只有三小时可以玩，包括往返。这个时候我们要去坐船的地方，就不能徒步了。

“你们自己去不了，现在都没船了，我可以带你们去。”到了白雀车站后，一个越南男子用比较流利的英语跟我们搭讪。

“你们再不去就来不及了，我可以带你们去坐船，给你们游览三小时，再带你们回来。”

“多少钱？”

“一人40万（越南盾），包括所有费用，进岩洞的门票和船票。”

这个费用跟包团从河内过来差不多，但是我们这个时候只能抓紧时间了，就只好答应。

越南男子开车带我们去到坐船的地方，也不知道他哪里弄了船票，怎么买的票，就让我们跟着一个团队上了船，这个团队都是当地的越南人。我当时反应过来，没有导游，我们跟着当地团，什么也听不懂。

越南男子说三个小时后在出发的地方见面，说是已经跟船上的工作人员交代好了，他们会照看我们的。

出海了！只有真正置身于大海上，才能不知不觉地体验着波浪和山峰之间的乐趣，刚才所有劳累，一下子就被蒙蒙白雾和海洋气流蒸发掉了。这里是大海，非常的辽阔，比想象中要壮观多了。远处的山，密密麻麻，绵延不绝，无数的幻影般地挺立在海上。

我们不愿意坐在船里面，我们愿意投入到这纯白的世界里，愿意在这里随风起舞。整个过程，我们都在船的甲板上，任凭风吹，全面接触这乳白的天空、大海、山峰。

漂洋过海，就为了进岩洞看看，每个岩洞都有几个特别的故事和传说，听听故事、走走路，再看看五光十色的岩洞，真舒展。不过，这里还真有点像中国的溶洞，对看多了溶洞的我们而言，这里没有多大的惊喜，只是一些特别的故事还是很有趣的。

我们坐船回到岸边的时候，怎么找都找不到刚才那个司机，很可能他拿了钱就走了，根本不会送我们回去，我们是不是真的太天真了？我们在岸边寻找了好久，不得不放弃，不得不承认我们这回真的遇到骗子了。岸边可以直接买船票，虽然我们两个人自己不好买票，但是怎么也比给他钱划算。

世界上的骗子很多，为了钱而活的大有人在，我们两个真的是太单纯太相信人了，但其实生活真的经常欺骗我们。所以，我们要学会看透，生活之所以给我们考验，是让我们积累更多的经验，让我们平静冷静对待一切黑暗和残酷，无论遇到什么坏事，都能够一笑而过。

不想生气责怪那个司机和自己，我和娟娟都不愿意再去想这惨痛的经历，下龙湾还是很美的，有美景已经足够。美，可以战胜一切邪恶。现在关键的问题是，如何顺利回河内。

打车也不容易，沟通也不容易，真是好不容易，我们才回到了白雀车站，可是传说中五点钟的末班车，似乎真的只是传说而已。彻底疯了，找不到车，有人说还有末班车，有人说没有车了，等了好久车，只等到去海防的车，然后我们又在海防转车。今天实在惊险，大夜里的，还流浪在街头，语言又不通。回去的时候，我们在车站下车，被一群摩托车佬围攻，胡乱叫价，摆明欺负人，坚决选择打的回去，摩托不比的士便宜，在河内，只要打表，的士其实不会很贵。

经过一晚上的折腾，总算回来了。还好，真是福大命大，不然就要被困在语言不通、交通不便的下龙湾或者海防了。我们两个人都饿得不行了，一天没吃饭了。可是把小路逛了好几遍就是找不到LP上推荐的餐厅，等于又把没走过的路走了一遍。还好在昨天晚上我们就已经物色好了几家餐厅，现在直接奔过去。

“你就喝一杯奶昔？”

“嗯，减肥。”

“可是一天没吃饭啊，你不饿吗？明天还要暴走，不吃饭不好吧？”

“没事，够了，我要减肥。”

娟娟点了一个三明治和一个奶昔，我就只喝了杯奶昔。

我很适合穷游，因为我不需要太多。剩下的头脑和身体，要留下来整理今天、策划明天。心中满是感触，一杯奶昔清爽全身即可，当我到了一定兴致和兴头上，吃饭都不是什么事了，饿着就饿着，精神不饿就可以了。

我们的餐厅就在还剑湖旁，桌子在二楼，就靠着玻璃，正好可以欣赏到古城街道的情调和平静优雅的还剑湖，想象今天在狂风中战栗着走过大桥、又惊险地游下龙湾，现在可以这么舒服地坐在这里，真的是不容易。似乎劳累了一天，盼望着的就是此刻坐在餐厅里，享受夜景，喝杯奶昔。

但是也很有趣，居然是用这样一种方式拉开了序幕，完全是意料之外的一种收获，惊恐却振奋人心。

“我们明天就是河内一日游，然后晚上就坐夜班车走，后天就到了顺化，然后玩半天，下午就去会安两天，然后芽庄、美奈、胡志明。”

我开始把我的行程计划告诉娟娟，娟娟说我们要不要现在去订明天的车票，我觉得现在虽然是旺季，但是一般都是当天买票就可以的了。而且我们现在去，估计旅社也关门了，当下已是晚上十一点多了，订票应该没戏了。

Vietnam

这里的背包客都好像之前认识的一样。
东南亚，穷游者狂欢的天堂。

河内，暴走，暴走中遗忘

如果说昨天是越南自然风光一日游，今天就是人文景观大考察了。一看地图，就觉得暴走可以搞定所有景点，由于胡志明建筑群一定要早去，不然很多人排队，所以我们毫不犹豫就选择了打车去，在考虑徒步的同时，也必须考虑到时间。根据道路和景点的不同，选择不同的方式，选择最适当和最民间的徒步道路。我打算以胡志明建筑群为起点，开始环绕河内市，把这边逛明白逛透彻了。每到一个城市，不暴走一下，不把每条路走通，就没有什么意义。

越南曾经是法国的殖民地，在的士上可以一路欣赏法式建筑。实在让人大开眼界，各种法式洋楼，让人分不清楚这里是欧洲还是亚洲，世界的距离在拉近。

尽管我们觉得我们来得够早了，但胡志明墓前面还是已经排成了长龙。我们看别人排队，也去排队，想着必定有什么惊艳的景观。

于是排了好久的队，太考验我们的耐心了。我们都想放弃了，想着究竟是什么玩意儿，要等这么久。眼看着有些人不用排队，又有些人可以先进去。好多背包客都表示不解和不满。尽管如此，大家也还是没有插队。有可能是有些旅行团有优先的权利吧，排队之余，由于都很不满，我和后面一个来自阿根廷的男孩聊上了，讨论为何排队这么久，为何有些人可以先进去。

阿根廷的男孩是独行背包客，正在环游东南亚。他过去询问工作人员，然后告诉我们如果想进去只能排队。聊着天，时间也过得快了。东南亚，真是到处都可以聊上，就连排个队，也能聊得起劲。在东南亚，就要拿出自己百分之百的热情，哪怕是烈日中排队，也要变成派对！这，就是东南亚特色，这里的背包客都好像之前认识的一样。东南亚，穷游者狂欢的天堂。

排了这么久的队，进去参观了一小圈、瞻仰了一下胡志明遗体就出来了。我还以为有博物馆和房子之类的可以看，后来才知道博物馆和胡志明故居是在这个建筑的后面，并不是一个地方。也就是说，我们这个队其实也可以不排。算了，就当自己是在进行历史之旅，接下来是文化和艺术、宗教之旅了。

我相信，一天之内真的可以塞得满满的，时间可以补回来，一天之内可以做无限的事情。无论时间计划怎么变，暴走计划依旧不变，相反刺激了我走更多的路，因为刚才排队，没有在走路，我走路的欲望更加强烈了。

阿根廷帅哥也失望地走出来，他说自己一大早来，早餐还没吃，现在要找个餐厅，舒舒服服地饱餐一顿，然后打发休闲的时光，比起看这些景点，他更注重享受背包生活。

我和娟娟则继续欣赏胡志明建筑群的其他景点，黄色的建筑群十分漂亮，适合拍摄各种写真。人太多了，火爆的河内，实在名不虚传，参观一个小房间都要有序入场。之后是巴亭广场和周围的一系列建筑群，一直暴走到西湖附近，连西湖这个不属于热门景点的地方也逛了一圈，可见我是有多爱看湖，多爱看水，多爱拍摄风景大片啊。

从西湖到中国驻越南大使馆的这一路，会经过法式建筑界，还会经过很多小的寺庙、道观，我怎么觉得看着有点熟悉，法式建筑街、高大的树木、笔直宽阔的马路，展现出河内完全不一样的特色，这条路几乎没有人，看来走一些小众的路，更适合拍摄写真。这也是一条非常适合拍摄写真的路，属于我们。人们都跑去排队去了。

一边暴走，一边拍摄写真，直达文庙。现在是新年时分，文庙别提有多热闹了，刚好遇上庙会，特别多人，人山人海、活动多多，人们还写春联、算八字，怎么跟中国有点像？这里也有很多的汉字，文庙，看来跟中国关系比较大，在这里可以看到中国的传统文化，不仅建筑跟中国像，春联上写的也是汉字。

今天在文庙还有传统的表演，人们穿着鲜艳的衣服载歌载舞，敲锣打鼓的，一起庆祝新年，我是最喜欢凑这种热闹的。人生应该每一天都过节，旅行中，应该每一天都庆祝，每一天都是旅游节。

从文庙开始，就进入河内传统的街道了。在很多当地的小馆子、美食街，还可以看到火车轨道从两栋房子之间穿过去的场景，越南的窄轨火车非常有趣，打开窗户就能和火车面对面，多浪漫。

我和娟娟不知道走去了哪里，没有按照规矩去走，我们散乱地走在横七竖八的马路里，没有方向地，凭着感觉，就像在写散文作文一样，“行（形）散而神不散”，寻找最后一个目标——大教堂。

就是在这种暴走的寻找中告诉自己，人生可以通过不同方式达到目标。路，不是仅有一条，青春所带给我们的那些微伤，就是在行走中被遗忘、燃尽的。走错路，不害怕，我们年轻，我们体力好，还能回头，重新再走。每走一段路，都好像在重新出发，走向新的未来，越走，离梦想越近，离那些曲折越来越远。

因此，在突然一瞬间，河内教堂就出现了。那种惊喜，是无与伦比的，河内教堂有点让人惊艳，没想到越南也有这种样式的教堂，这让我对历史产生了浓厚的兴趣，特别是欧洲人是如何在东南亚建立殖民地的等历史。我们两个参观完大教堂，可以说河内的景点都一一徒步攻破了。今天，真的是河内暴走之中的大暴走，但也没有想象中那么远和难，一天走完，没有问题。

回到还剑湖附近，我们逛了逛老城区，然后就立马去买今晚上去顺化的夜班车车票。我们到处找旅社，问了好多家，都发现没有票了，说只有明天晚上有票。毕竟这边旅游巴士也挺发达，应该还有别的公司，我们又去了旅馆咨询，也是没票了。这可实在太令人沮丧了，无端地又要多留一天，明天干什么呢？我陷入了深深的思考，参加一个一日游，或者就留在河内随便逛逛？好难决定。

今晚是走不成了，我突然想起来，在河内还有一件一定要做的事情，就是看一场水上木偶，每天固定时间有演出，如果现在再订车票弄这弄那，想明天行程，可能会错过木偶戏，不管明天干什么，先把今天要做的做了，于是，我也不管什么车票不车票了，就问旅馆的人怎么样才能去，可是旅馆人的英语不太好，一名男子看见我们发愁，主动上来跟我们说话。

他一下就理解我们是要去看木偶戏，他一看时间，马上告诉我们，现在正上演最后一场，让我们赶紧过去，他似乎知道我们两个不认识路，主动地说他知道地方，可以带我们去。这个时候，我仿佛忘记还要买车票了，不管那么多，当然是看木偶戏重要，车票的事情总有办法的，今天不知道明天事，到了越南，怎么可以不去看看越南的水上木偶戏？

此男子来自意大利，在河内呆了几天，对这里比较熟悉，我说会不会麻烦他，他十分热情地说不会，还跟我说木偶戏十分值得一看。这个意大利男子超级热心地带着我们来到了看木偶戏的地方，最后一场，刚刚开场！在他的帮助之下，我们终于可以进场了，买的是二等座的票。可是进去之后坐的却是头等座，因为二等座都坐满了。意大利男子发挥了关键的作用，硬说让我们进去，工作人员才放我们进去，因为已经开场了。

木偶戏是现场演唱的，使得整个演出非常逼真，里面把人物和事物很好地结合起来，反映出越南文化，通过人物的舞蹈、动作来体会要表达的意思，舞台在水面上，水是最关键的。人物可以在水上活动，还可以跑到水里去，空间非常灵活，人物之间的故事也很丰富，时而非常搞笑，时而十分紧张，时而又非常热闹。表演者在两旁唱歌弹琴，使得演出更加有感情、演出内容也更丰富。意大利男子又陪着我们看了一场木偶戏，才离去，今天有一种遇到贵人的感觉，感觉旅程要开始走运，暴走之后，果然有效果了，身上的霉运都走掉了。

于是看完木偶戏，我们又去了一家旅馆询问票价，这回，真的是要把旅馆都走一遍了。可是这家旅馆的票价并没有便宜，而且还不知道明天怎么安排，现在车票这么紧张，是不是要把接下来的车票都买好，不然又没票？

正当我们两个思考的同时，我听见了让人有力量的中文——有中国人！一男一女，正在买明天去顺化的票。

我仿佛看到了救星。然而看到这个男子的第一眼，我突然有点窒息。

他有一种好熟悉的感觉，说话的感觉，好像某人。看着他，我想到了吴先生，一个让我觉得旅途艳遇不靠谱的人。

他们在买通票，跟旅行社在谈价格，我也连忙过去观望。

我对男子说，我们也想买通票，但是想明天去顺化，我把我现在的情况也跟他说了，越看他，就越觉得熟悉，怪不得自己那么勇敢上去说话。

他说我们可以去宁平参加一个一日游，挺不错的，然后明晚夜班车走。在我努力讲价之下，终于获得了比较满意的价格，我们一起买了越南的通票。接下来所有大巴车的票都买好了，这种大巴通票是非常灵活的，虽然订好了地点，但是不限制出发的时间。

男子的态度，也是冰冷中带点热情，像极了某人，他们的行程几乎和我们一致，说不定路上还会遇见，不过他身边这位，应该是他女朋友，我们也没好多耽误，也没说接下的事。

不过，事情终于解决了。行程安排好了，票买了，而且虽然车不固定，但是接下来遇见该男子的可能性很大，我开始想了解这位男子。或许，是那类型的男子，总有一种谜一样的感觉。

我和娟娟终于可以安心走回去了，一路上，很多休闲的人们坐在街边吃小吃，越南的夜晚是丰富多彩的。在这里，或许我们什么都没有，我们有的，仅仅是时间，坐在楼梯上嗑瓜子、喝可乐、聊天的时间，这是在忙碌的大城市拥有不了的时间。

Vietnam

我们在两旁尽是水稻的小河里漂流，
过往的小船上的帅哥美女会不时和我们打招呼。

宁平更过瘾，不留遗憾了

去宁平，确实是意料之外，有些东西似乎冥冥中已有安排。无论怎么安排，都是为了让我们发现更美的世界。

宁平距离河内大约三小时车程，其中重要的景点是三古，“三古”是越南语三个山洞的意思。报名参团之前，看照片，觉得会跟下龙湾差不多，不过真正上了船，才发现这里不能跟下龙湾相比。这里，也很有自己的特色，更加适合背包客在附近探索徒步，或者骑单车。

我和娟娟这次两个人包了一条船，船非常特别，轻盈小巧，坐在上面，简直觉得自己在水面上滑行一样。天气非常阴冷，更加符合坐在小船里的感觉，正因为阴冷、有风，才更加飘飘然，更加全身清爽地畅游在这些绿色的浮萍、稻田和山洞之间。

“这里有点桂林的感觉。”

不是娟娟告诉我，我还真没意识过来，不过这里跟桂林是完全不同的。

“这里让人既觉得像海，又像田，又像湖，而且地貌和景致更加变化多端。”

“是的，这里比下龙湾更有感觉，更有意境。”

冰冷的空气增添了更多的仙气和氧气，每一口的呼吸都是最纯的。这里石灰岩地所形成的奇峰异石，风光明媚，一条曲折小河蜿蜒其中，最宁静的乡村景色在面前展开，像是梦境一般。

我们在两旁尽是水稻的小河里漂流，过往的小船上的帅哥美女会不时和我们打招呼，我们也兴高采烈和他们打招呼，大家都以自己不同的方式来欣赏美景，宁平，是一个让人彻底放松和贴近大自然的地方。我们可以近距离接触那些山壁，穿过三个小洞的同时，还可以仔细观察水里的水草，一切都很可爱，就是很冷，更加有探险的感觉，这或许是探险南极的准备。

这里划船的人有一绝招，那就是用脚划船，脚高高抬起，使得船有力前进。他们这划船的技术天下独一无二，并且绝对自创、无抄袭。我和娟娟每次看到他们划船的姿势都很想笑，这姿势实在是过于“矫情”。每个船夫，都有自己的独家秘笈，他们每天就在这些山间划船，面对不同国度的人，正因为有他们，才使我们的旅行能独特地进行，在旅行中真的要感谢这些辛勤的人们，世界上每一个努力活着的人都是可敬的。

在船上，虽然冷风刺骨，不过真的好好玩。船，晃着晃着，慢悠悠地和我们一起欣赏风景，明媚的两岸风光如此接近我们，山和两边的田野不断地向我们绽放出春天的微笑。水面漂浮着水草，如果是夏天，可能会更加茂盛，更加漂亮，我们可以发挥创意去想象这些山的形状，也可以闻到水草的甘甜味道，青草味，风的味道，岩洞的味道，水的味道，让你忘记一切烦恼。

也许，有人会觉得这种小风景比起那些名胜风景来简直就是微不足道，可是船不一样，整个设计不一样，我享受每一步所看到的不同的风景，很高兴和经过的船只打招呼，我们这些互相不认识的人，自然而然地在这种风景中张开翅膀飞翔。旅行，是一个充满想象力的过程，很多东西都是自己想象和描述出来的，那种惬意，只有自己可以领悟。

中午吃饭的时候，我们团里有一对非常好的越南夫妇，除了团队餐之外，他们另外叫了一份越南特产——鹿肉，还专门去外面买了香蕉饼和锅巴，让我们尝尝当地特色。真的好好吃，好感谢他们。这个鹿肉是要和菠萝一起包着吃的，还可以加点薄荷，真的很香。吃饭的时候还和他们聊了中国和越南的文化，聊到了越南的旅行社，越南的巴士，我们要去的其他的一些城市，他们也给了我们一些小贴士和建议。

越南人，有好人也有不好的人。让我们忘记那在下龙湾欺骗我们的恶劣的人，让我们只记得对我们好的人，不记仇，不计较，开心向前看。哪里都有坏人，有好人，我们只在意懂我们的人。

必须带着喜爱去一个国家，丢下一切主观偏见，才能真正收获在那个国家的幸福。

之后我们去了一个古遗址，那里有很古老的寺庙，可以了解历史，解读一番，感受古老的越南文明。沿途风光一直很奇异，而且车上的人都很好，大家一直聊天，也很愉快，再次证明了，有时候人比风景更重要。

虽然我是穷游，可是我每天都想化个妆，把自己弄得美美的，真正达到美景与人的合一，拍摄好每一张照片。可是由于晚上要坐夜班车，我必须把妆卸掉，把隐形眼镜卸掉。餐厅就是最好的选择了。即使是流浪，也不能伤自己的皮肤；即便是各种夜班车，也能应付自如，巧妙应对。

我们无意间走进一家餐厅，很巧，这家店里的菜被 LP 评为最好吃的越南菜。一个蛋炒饭都让人觉得美味无比。我和娟娟，在餐厅里卸完妆，整理完之后，就准备夜班车的战役了。但我们发现，我们的心理准备被超越了——一上车，眼前的景象让我惊呆了。

这，究竟怎么睡？人都堆满了，车里有三排卧铺，上下两层，居然都满了，而且还有人睡在地上！

娟娟先上去，睡了靠窗的一个位置，貌似是最后一个位置了。

我走到最后，发现那些床都并在一起了，而且很小，对于大个子的西洋人来说，脚都伸不直。而且人和人都是挤在一起的，不认识的人之间，该有多尴尬啊，不过，这不正是东南亚的风格吗，世界背包客为一家，我们不介意。

还剩最后一个位置，在中间。周围都是铺位，前后左右都有人，就那么靠着我，我的这个卧铺位子真是令人一辈子难忘，周围四个人把我围着，就是两排铺位，中间加了一个铺位，我就睡那里。还好，周围三个都是韩国女生，还有一老外，很好，今晚有你们在身边，我不冷。

越南的卧铺车都要脱鞋，明显是不合理的设计，不仅仅不舒服，而且挑战人生存的极限。我宁愿坐座位的，坐着都比这个舒服，这个完全动弹不得，而且出入困难，简直是高难度的上下铺，我还看见有老外直接就睡在了过道上了，是的，或许是宁愿躺过道，也不愿意爬到上铺。越南的卧铺夜班车实在是一绝，而且随时还没票。

一大早到了顺化，整个人还在游离的状况，昨晚太刺激了，都没敢睡着，简直无法入睡，周围任何一个人稍微动一下，我都能惊醒，还好周围几个韩国女生跟我聊聊天，不然我会郁闷死。下了车，伸了个懒腰，过去拿行李，一抬头，我竟然看见了他。

是他！就是那个我在河内遇见的男子和他的女朋友，想不到我们竟然又遇见了，因为之前大家只是一起买票，但是不一定是同一辆车，也不一定是一个时间到，所以也就没有留下什么联系方式。想不到大家又碰面了。

他看见了我，就跟我们打招呼，大家现在都开始研究一个问题，怎么去景点，走路去还是坐车去，下午去会安在哪坐车，明显我们穷游一族，能走路就不坐车，他去问了司机下午去会安的上车地点。是的，在越南坐车就是这样，上车、下车，都不知道自己在哪里。就这样我们几个中国人就聚在了一起，打算走路到古城，一点也不远，再远，人多走起来都变近了。

走着走着，一不小心就进古城门了，我们发现，大家还背着大背包，行动不便，于是又走出城门，找了个旅馆寄存行李。这家陌生的旅馆也对我们太好了，让我们放行李，还帮我们确认车票，正因为有了这些旅途的好人、好地方，才让穷游者们成长和壮大。

我们回到古城，慢慢开始欣赏美景。在古城里走走的话，不用买门票，进城门就要门票，其实在外围走也感觉不错。古城，打开了我的心，这里没有商业气息，纯一个文物，让人欣赏。不过，在香江的南面，会有一些旅馆餐厅，那里，可以找到喧闹的生活。

中国男子说为了给大家更多自由时间，约好时间在古城门口见面，然后现在自由活动。他那感觉，让我开始从心里给他起了个名字：“翻版先生”。第一，因为他很像某人；第二，因为我心里本身就有一种经历续集的感觉。

顺化古城，是小小紫禁城，有点小小中国风，让人觉得好亲切。这里绿草茵茵，爬满城墙和楼梯，一砖一石都古老自然，没有人工痕迹，不金碧辉煌，也不黯然失色，安静中透露出生命的呼唤。不颓废，很安静和温柔。

爱死这里的绿了，绿草装饰和呵护着古城，古城守护着这些柔软的生命。不知道为什么，顺化古城，是一个你想多留时间品味的地方，不仅仅是拍个大全景就想转身走人的地方，不像某些皇宫、寺庙，在外面拍拍照就算了。这里，你会想细细走过每一个走廊、草地。尽管它十分对称，没有什么变化，但是总有一些细节的东西，你会想去挖掘。甚至想去细看爬在不同石头上那些不同的植物，说不定翻开那些绿墙，会发现一个考古的痕迹。

我和娟娟最美好的时光，除了喝奶昔，就是拍写真了，这个地方，如果不拍上一套写真，都有点说不过去。拍照狂人的镜头，又可以大有作为了。

绿草茵茵，蓝天白云，古城古道长廊木窗，完全符合写真的风格，我和娟娟两人在这里玩起了摄影，玩起了艺术，摆拍，很想用相机记录旅程中的一分一秒，当然，也很想在这里吟诗作对，对酒当歌。

我们在顺化只有半天时间，除了古城，还有一些景点，从中只能挑选一个，最终放弃了路途很远的各种皇陵，选择走路去天姆寺。“翻版先生”全程带路、问路，有男生就是好啊。回来的时候，为了完美我们的顺化之旅，“翻版先生”建议我们不如游一游香江，正好游完船，也是时候坐车去会安了。

我也计算了一下时间，坐船的时间刚好足够，不然还要搭车回去，太没意思了。四个人包了一条小船，在香江之上徐徐前进。平静湖面，一切都不平静，一上船，就感觉“翻版先生”女朋友的脸色不对了。

“翻版先生”和他女朋友吵架了，因为到现在为止，还没有吃饭，她说“翻版先生”怎么这么赶路，我们两个不吃饭，穷游就算了，他也跟着我们疯，都走了一上午了，她都饿死了。

“翻版先生”马上安慰她说等下马上就吃，忍忍就好，一路走来，也没看见什么好吃的。他还说，让她别那么说话，我们两个听了不好。

他女朋友说自己没有责怪我们的意思，她只是责怪“翻版先生”，每次旅行都这样，一点也不细心，连自己饿不饿都不会问一句，旅行的时候就像一个疯子一样只顾着往前赶路，一点不会照顾人。别人男朋友带女朋友出去，都照顾得好好的，至少要管饱，不像他这样不让人按时吃饭的。

“翻版先生”使出了浑身法宝，才平复了局面，最后他说了一句，还是你们自己出来好，以后和男朋友出来，就麻烦了，现在你们自己想怎么玩就怎么玩，以后有对象了，一点也不自由。他感叹着一个人旅行的美好和自由，可以无拘无束，而不知我们也感叹他们两个的打情骂俏，其实让人看了也羡慕不已。

大名鼎鼎的越南巴士到了。可是，让人不解的是，为什么白天也是卧铺车啊，我们又开始在车上拍照了。这车的确是太与众不同了，这种体验也不是一般的，不知道是谁设计的车，真是人才，可以让一辆车尽可能地装下最多的人。不过，这回的车还好，三排座位都是分开的，尽管卫生条件非常一般，但也没办法，只能当看不见。这旅游的旺季，真的是可以考验人的一切忍耐力，但有时候，我们偏偏就是在这里面苦中作乐，还要学会在这种情况下死死睡去，为下一站存下最好的精力。

人，让自己在任何情况下都保持轻松愉快的心情才是王道，去哪里都会有开心的特质。不走路的时候就睡觉，在哪里都睡得香。

从顺化到会安，一路景色不错，特别是后半段，我看了攻略，说是要坐靠司机的位置，那段路被评为“一辈子要去的 50 个地方之一”。快到会安的时候，风景很振奋，困意也都没了，可能是由于从高处往大海看，可以围绕着大海和整个城市的结合，全局地观赏，并且观看变换不同角度的海景和城市，很有层次。

到了会安，我们和三个广东妹子会合了，“翻版先生”已经订好了自己的旅馆，我们就这样分开了。

会安古城，第一印象，除了美，还是美。这里最多的就是服装店，衣服鞋子都可以定做，很多漂亮的裙子，质感不错，还不贵。会安有一条传统风味十足的河，处处点缀着小心思，河的对面有一些小摊，可以买些纪念品。

我们来到河边的餐厅，在河里坐坐船，吃吃大排档，放了放孔明灯，到了八点，观看了免费的民俗艺术表演。除此之外，街上也会有一些小游戏，让游客和当地人互动，古城里面也有很多小景点、小建筑，晚上可能看不太清，可是，要的就是一种明暗灯光下的感觉，走在其中，慢慢体会小城故事。

会安的天气很舒服，空气好，晚上夜景更加好看，不过十点就关门，真的是太早了。我们恨不得在这里找个地方通宵彻夜聊天，恨不得继续在桥上漫步，继续逛逛越南特色的小店。

我们现在是七个人，一对情侣，五个单身女子，
从来没有觉得一切可以这么融洽。

破纪录，50公里载人骑车到美山

体验会安，是一个从白天到晚上都不间断的过程，24 小时都有不同体验。虽然今天我们任务很重，要骑单车去美山，可是我们五个人一点也不急，因为实在很喜欢会安这种生活的感觉，早上先去饱饱地吃个早餐，然后去租单车，慢慢来，别急，别急，50 公里，只是一个数字，要快慢结合，动静皆宜。

说起会安的早餐，那叫一绝，我特别喜欢一个国家的早餐文化，早餐是一天中美好的开始，可以从早餐中看出一个国家的饮食文化和风情。

去大餐厅只是一个传说，我们最爱街边大排档，要和老大爷、大妈一起共享越南米线。我们就在路边，随便找了个小摊吃早餐，牛肉米线、鸡肉米线，不可错过。

租到车了，不是山地车，好难骑，由于娟娟骑车技术不过关，我只能搭她。这车怎么这么脆弱，搭了人之后，车更加难骑了，刚开始搭着娟娟，我觉得50公里真的只是个数字，小菜一碟，但我以为是宽敞大路，谁知道这一路，简直是对我车技的考验，短短50公里，各种路层出不穷，感觉真是什么路都骑过了。骑了一半，脚就踩不动了，路太难骑，而且还要集中注意力，确保人身安全，否则，容易摔跤。

路难骑就算了，沿途还下雨，淋死了。我发觉，我在东南亚，似乎每次骑车都要下雨，每次都被淋成落汤鸡，之前在南亚的尼泊尔也是，我觉得这就是我骑车的一种命运。下雨骑车，这是我旅行之路里的一个美好画面，毕生难忘。

五个女子，从淑女变成了飞车党，穿越各种乡间小路、大桥、大马路，上坡、下坡，喧闹的街道，一路经历多多，因为我们没有地图，只能沿路问人，可是很多人不会英语，听不懂，我们问了超级多人，才知道要往哪边骑。无地图，无指示，有路则闯。

下坡的时候是最爽的，都想直接松开手。飞翔了，不过上坡实在太多了，而且坡度巨大，雨中上坡推车，实在难受，骑车经过一些道路两旁的村落和商铺、餐厅，当地人还总会呼叫我们，都是些越南男子，一路都这样被搭讪。的确，五个女生，一路狂飙，的确引人注目了点。我边骑边害怕，会不会遇上劫车的，我们要开展一场战斗。有一个越南男子还直接过来拦车了。还好我们五个人，都是侠女型，完全不怕。

很美，很绿的农田。累，也幸福。多好的绿野童话啊，不就是骑行几十公里吗，不算什么，好好欣赏风景才是最重要的，有这么美的田园风光，这么多对大自然和对恬淡简单的乡下生活的体验，真的不累了。骑车，是欣赏美的世界的一种方式，很多人会选择骑单车环游世界，不是因为要穷游，而是一种人生态度和精神。

美山有点小吴哥窟的感觉，可是美山更加神秘，古老和自然，给人精致、湿润的感觉，有绿草为伴，没有恢宏的气势，却更原始和神秘，虽然很迷你。不过我喜欢这里的绿化，还有攀爬在墙上的植物，不太喜欢有拥挤游客的著名景点，我喜欢美山，喜欢它的低调、安静、神圣。

我希望我去过的地方都是神圣的，善解人意的，灵光的，就像这里一样。

可能是下过雨吧，我更喜欢这里寺庙的颜色，感觉更加深刻，颜色很浓郁，直透人心。这没有高高在上的寺庙，不用爬台阶，这里只有一个个小窗户、小门、小柱子、小雕刻和雕像，清清楚楚地直观历史，触摸布满了岁月的痕迹的绘画，明了深刻。这里的一砖一石都更加自然和真实，层次虽然有点模糊，可是小的雕刻繁多。单独出来的神像雕刻也很多，都没有完整的，都有一点缺失。这就是历史中的某个瞬间的记忆吧。

美山的参观，是令人愉悦的，有时候，只有经历和克服很多挑战和困难的时候，才更能体会到这种滋味，如果仅仅坐个巴士过来，可能会觉得无聊，过于轻松会看不到沿途的风景。心血之后，必然会有属于你的一片彩色的天空。

我们正准备在黑夜前赶回去，娟娟正准备上车，一辆摩托车从身边驶过，他们停下来，回头呼唤我们。

“唉，要不要搭你们一个人回去？”

是“翻版先生”和他女朋友！

他怎么又在关键时刻跟超人似的出现了？于是，正烦恼着要怎么把娟娟载回去的时候，他来解救我了。娟娟上了他的摩托车，先回旅馆等我们；而我，则要开始一个人的战斗。50 公里，回来的时候，我上坡完全上不动，好几次要靠推的，用尽了全身的力气，就是上不去，可能是我前面消耗太大了，她们几个都比我骑得快，我不服气被她们甩在后面，看着她们在我前面，我就很有动力往前骑。于是，大家都是你追我赶，可是在某个拐角处，又看不见了，经过越南男子的聚居地的时候，我就一个人，他们又在那里开始吹口哨。这下他们若要把我拦截，实在是太轻而易举了。一想到这里，我发了疯地往前骑，要赶紧逃离这危险的地带，小命要紧。

晚上，天全黑了，我们只能摸黑前进，田间小路上没有灯，我们只能靠摩托车的灯光来看路，靠着感觉来行驶。还好，我们大家在一起，到哪里都不怕。骑到后来，真的都骑到虚脱了，真是好大的运动量啊，希望可以掉几斤肉。

这次骑车，我真的骑得屁股好痛好痛，像是经历千山万水了一样。那座椅像是铁做的，我的膝盖、大腿都受到了严重伤害，不过很锻炼人，绝对可以起到某种减肥的效果。

尽管全身那么痛，我们一大帮人一回到旅馆，就又开始马不停蹄地去逛会安，似乎白天的一切都只是热身而已，我就是“never tired”。我们疯狂拍照，观赏夜晚的景色，看那些各式各样的餐厅，感受一种浪漫的氛围。

美丽的会安，灯笼是亮点。会安的灯笼，电力十足、很给力，黑夜里的星星，特别地闪闪发亮。我们现在是七个人，一对情侣，五个单身女子，从来没有觉得一切可以这么融洽，强大的队伍，寻找到了一家特别的餐厅，我已经因全身的体力消耗过多突然觉得吃什么都是浮云了。体力消耗，有时候真的是一件特别爽的事情，比吃饭还爽，大汗淋漓之后，全身的筋骨都打开了。只有在运动中，我才真正感受到自己是如此的充实和充满力量。这就是我旅行上瘾的其中一个原因，估计我有多动症。

七个人一起，就是强大，感觉会安属于我们，到这里，要找的一种感觉，好像找到了。

我越看这“翻版先生”就觉得他真的越像吴先生。他有一个娴静温柔的女朋友，看着他们两个，我真的觉得情侣出门万事不怕，有自己心爱的人在身边，那个人就是自己的维生素、自己的阳光、自己的衣服、自己的手。

“翻版先生”说我怎么那么强悍，搭人骑了这么久。我说我是这里面骑得最差的，回来的时候都没力了，被她们几个远远甩在后面，后来搭娟娟的十公里，她们几个也有帮我分担。

“翻版先生”，我们确定之前没有见过面吗，你确定你真的不认识吴先生吗？无论说话的语气，看我的眼神，都有那么一点的类似，就连年纪、身形都相似。

“反正你们几个是太猛了，不过当年，我也曾经骑过川藏线。”

“哇，好厉害，该不会也去了尼泊尔和印度吧？”

“嗯，自从那时候就爱上了旅行，每年都要出国一次。”

“哇，我也是，我去年刚从川藏去了尼泊尔、印度，特别惊心动魄。”

我开始跟“翻版先生”聊起了我的旅行，他也告诉我其他国家的一些故事。他被我印度的故事吓死了，说我还好没什么事，安全回来了。

他问我，怎么路上没有找个护花使者。我说，护花使者都走了，我选择一个人上路。

“翻版先生”看着我，好像知道我必定有一段辛酸的感情史，也没有往下问了。

“你们什么时候离开会安，下一站去哪里？”我也不知道自己怎么问了这个问题，可能是不知道说什么了。

“明天晚上走，去芽庄。”

“啊，我和我朋友也是。”

“那好啊，我们一起走吧，由我带着你们三女的。”

“一起？可是，会不会不方便啊？”

“没事，我们就喜欢大家一起玩。”

说着，“翻版先生”对他女朋友说：“我把两位美女捡上了。”

“我看是你自己不想做攻略，跟着别人走吧。”

“哈哈，我负责保护大家的安全。”

“嗯，路线我都有了。”我拍拍胸脯，又很男人地说。

妮哥，你这么男人，旅途想小鸟依人一回恐怕很难了——我在想。是的，若自己变成被保护的公主，或许王子就真的会留下来保护自己，就因为自己一个人也可以很刚强地活下去，所以，王子都去保护需要被保护的人去了。我的青春，就是一个人在顽强作战了，不过这样也锻炼了我自己的独立，像男子一样刚强地活着。

如果“翻版先生”没有女朋友，或许结果依然也是一样，自己一个人要走的路，是没有人可以留在身边为自己开路的，我不是他那个要保护的人，需要他保护的人，会留在他身边，而我，则继续浪迹天涯，寻找那个可以与我一起滚沙地、翻高山、闯丛林的人。或者，我会继续一个人无依无靠，任凭自己两条腿走遍世界。

昨晚，和娟娟在河边，两人坐在矮板凳上，看完了传统的表演，然后吃个大排档，今晚，在河的对岸，七个人，在经历了今天骑单车的疯狂之后，更加投入到会安青春的激情里，不要孤寂冷清的青春，不要一个人胡思乱想、钻牛角尖的青春，哪里痛，就往哪里晒阳光，越是伤痛，就越是要在上面载歌载舞。

再看看另外三个广东女子，都很坚强，也都独立地有自己的事业，女人，要有自己独立自强顽强的一面，才可以有更广阔的天空，让自己可以寻找自己的幸福。我们不靠男人，靠自己，没住豪华酒店，没烛光大餐，也能一样笑得开心。

我们大家一起走过古城，寻找夜色里的景点，处处都是各种活动，生活也很丰富多彩，这里还有各种追梦人。其实，去哪里或许不重要，在行进中，自己的灵魂是否得到归属和洗涤才是重要的。

“翻版先生”的女朋友说累了，要先回去了，于是“翻版先生”就挽着她的手，甜蜜地先跟我们告别。临走前，他还说，明晚见，不见不散。说着，他还对我抛了个媚眼，偶尔搞怪，装装可爱，但其实又心思细腻，所以，才说他是“翻版先生”。

看着幸福的一对，我们五个单身女子，决定今晚开单身派对，庆祝我们的单身。于是我们买了些越南的小零食，然后统一来到我们房间，继续下半场。

从早上 9 点骑单车去距离会安 50 公里的美山遗址——越南的吴哥窟。我人生第一次载人 35 公里，来回一共骑了 8 小时，然后晚上又继续不眠的夜，青春，就是这么没完没了。

今天的旅行心得是：去美山，可以参加半日游，不包门票，5 美金，坐车 1 小时，还可以租摩托车。去美山，要穿好一点的鞋子。如果不赶时间，体力好，也可以选择骑单车，慢慢骑，边骑边在乡间小路嬉戏。青春，就是即使是一片普通的水稻田，一片小花海，也想冲进去，摆出各种姿势拍照。

Vietnam

在会安，到处是中式、日式的建筑，而且保存完整，
既没有遭到战火的破坏，也没有因修建高楼大厦而被拆。

亚洲文化的混合风情——会安古城

一大早，天开始下雨了，阳光也被挡住了，古城此时此刻陷入了感性的情绪中，这个时候，真的很适合在旅馆睡觉。可是我还是觉得我应该到海边去，广东妹子都说很远，要骑单车过去，可是跟着我，是少不了多走路的，一般不超过两个小时的徒步，我都会选择走路，别人骑单车的旅行，变成了我走路的探险。

下雨，也要去海边。会安，下过雨的海，会是怎样的一番景象，我要去考察考察。海边回来后，再好好逛逛白天的会安。

“真的走路去吗？会不会很远啊？”娟娟问。

“嗯，走路爽。”我又十分自信地说。

刚走出旅馆，我就觉得今天必然是一个清爽的日

子，这个时候，想写一首歌，名字就叫《雨中走路去海边》，或者是《在古城淋着细雨》。

走在路上，虽然鞋子被打湿了，可是雨中漫步，慢走中，慢慢品味清新的气氛，这种感觉和烟雨朦胧的村庄形成的画面，让人感动。昨天是单车游，今天就是徒步游了，我们两个一起走过了小桥流水，走过古城的家家户户，走过了田野绿草，跨过桥，踏过湿漉漉的大马路。丝毫不在意小雨点洒在自己身上，雨，要清洗自己身上所有的伤口。

走了一个多小时，还是很舒服和惬意的。又把另一面的会安好好看了一遍，大海在前方咆哮着，好久没有看到这么大的浪花了，之前的下龙湾是一片平静的海，在这里，终于看到海的激情了。这里是南海，果然南海的浪很大很大，浪花打得让人惊心动魄的，再加上没什么人，实在太震撼了，没有了人的干扰，浪显得更加巨大，海，更加纯净。由于下雨，没有人晒日光浴，只有零零散散的游客，不过沙子踩上去很舒服，海很宽阔，有一种完全解放的感觉，心里所有的怨气都一下子释放了出来。

越走越上瘾，我们还是选择在雨中走路回古城区，走出兴致来了。

会安古城有日本桥、新奇屋、各种的会馆、小寺庙等，还有一些老房子都成了商铺。我觉得下雨的会安更加有情调、有意境，不会干干的，特别是房屋上的绿草和彩色的小花，还有小盆栽，更加动人清秀。

在会安，到处是中式、日式的建筑，而且保存完整，既没有遭到战火的破坏，也没有因修建高楼大厦而被拆。现今完好保存下来的会安许多古建筑、古街道，体现了中国、日本、越南文化与建筑风格的有机结合。街道的布局、建筑的式样，既展现了中华建筑的古朴和优雅，又融入了当地人的自然审美观和生活情趣。游客在这里既能欣赏到古老的文化传统，又能感受到浓郁的地域气息。

在这样的小古城里散步，是一件洒脱的事情，在会安的老市场里，又碰见了“翻版先生”他们，我们今晚应该是一辆车去芽庄，我们一起买了一些奇异的小吃和水果，拿到了我们住的旅馆，和三个广东妹子一起分享。会安古城，一个适合慢慢静下来，一起分享快乐的地方。

他简直比吴先生好很多，人也大方，而且更有情，
他的出现可能是替吴先生补偿了吧。

芽庄，感情一路玩到升温

这似乎是第二次，看着某人和某人的背影，他们在坐夜班车。然而已经习惯夜班车的我和娟娟，显然已经不太兴奋了，一上车，就进入了美梦里。

到了芽庄后，我又开始发挥了导游的作用。

芽庄一日游，我要好好跟大家分享这个清新的海边城市的魅力，有太多太多可以感受的东西了，海边，城市，每一个小岛，还有各种景点、博物馆，仿佛可以单独成书来讲述它的故事。

我们几个采取市内坐公交加走路的方式游玩市内，四路公交车可以到所有景点，首先到的是印度风格的占婆塔，从市内到占婆塔的路上风光无限。特别是经过大桥时，港口风光和大海美景，远处的石头和山，

完美地融合在一起，还有海上的船只，五颜六色，配合着这边房子的造型。

这里不仅仅只有印度寺庙，最神奇的是在这里还可以俯瞰和远眺整个芽庄港口和城市。

在钟屿与岬角，看到了海更加富有变化也更好玩，完全不同于沙滩上看到的，这里也是观景的好位置，换个角度，欣赏芽庄的岛屿和大海吧！

我就是这么一个人，任何一个有可能性的景点都绝对不想错过，不管是什么地方，我都想去探索；跟着我，你不会觉得不知道去哪里，我就是不停地寻找要去的地方，我要把你拐到世界未知的一个角落。

我带着这三个人，马上奔赴了龙山塔，依旧是坐巴士，我盘算着去完龙山塔之后去哪里，我疯狂看攻略，我们最精彩的海边和海岛游还没开始，必须好好计划一下。

龙山塔是一个中国式的寺庙，从寺庙的门口一直往里面走，都觉得不陌生，可以看到很多人在里面祈祷和参拜。但是这里最大的特色不是烧香拜佛，而是山上巨大的白色佛像和中部山腰上的一座卧佛。

要到达山顶，还需要走155级楼梯，到了这里，就到达了芽庄的最高处，又可以看到整个芽庄的全景。

当然，没有一个人说不想走到最后，全都一鼓作气地爬上去了，到了山上的平台又是另外一番景致了。我特别喜欢在山上看全景，每次爬上去的过程，都会觉得很有冲劲，觉得不会颓废，这种喜悦，是胜利的，把城市握在手里的感觉。

“接下来去哪里啊？”他女朋友问。

“我们还是坐巴士，然后去海边，那边有几个岛可以逛逛。”

“听说可以沿着海边走几公里，到一个什么岛上？”

“我就是要去那个地方。”

不知道为什么，可能我之前就认识“翻版先生”，总觉得似曾相识。

我们沿着海边走了好久，好久，海边有很多小的旅行小店，提供四岛游，可惜，现在出发已经来不及了，有些东西注定留给下次。

我似乎有点找不到路了，也不知道接下来要去的地方要怎么去，可是“翻版先生”总会非常支持我和理解我，还说没关系，在海边走走也没关系，可是我就是要找到那个景点，一个观看海景和岛屿很美的地方。

在我的不懈努力之下，终于寻找到了市内巴士，把我们带到了观景台，去到那里，我们发现得坐缆车到另外一个岛：Vinpeal 岛。询问之下才发现，原来那个岛是一个娱乐小岛，上面是游乐园和高进度假村，缆车加门票一共是 20 美金，还有水上乐园和表演，一直到九点结束。

娟娟她有一个爱好，就是喜欢坐疯狂过山车。她最爱玩这种刺激的节目，什么海盗船、过山车，都是她的最爱。她第一个就表示想去了，实在是太符合她的口味了。我也当然想去，我什么地方都想去，去这些主题公园，玩玩刺激的项目，在上面尖叫，呐喊！把眼睛一闭，飞翔！

“可是，我害怕，我不敢坐那些东西。”“翻版先生”女朋友说。

“没事，岛上还有别的玩的，不怕的。”我说。

“那，我看你们玩吧。”

“你看，这里还有海洋馆，还有一些小店，我们都可以玩的，有一些也不会很恐怖的。”我指着地图说。

“翻版先生”说：“我也害怕，我一害怕，就会在上面大叫。”

“那我们一起叫吧。”娟娟说。

在大家的一致同意之下，我们决定夜闯游乐园，今晚属于尖叫之夜。

坐缆车 12 分钟，把整个芽庄的海滩都能看完，缆车上，完全被美景秒杀了，这绝对是观看全景最好的方式，也是补偿没有去四岛游的遗憾的最好方式。这缆车，据说是亚洲最长的跨海缆车，浪漫死了，唯美死了，我的心都融化了。

游乐园建在小岛的山上，布局分为上下两层，有电梯连接，也可以走路，四通八达。下面靠近海边，有餐厅，还可以坐船，夜景很好看，玩的几乎都在上面。

而“翻版先生”的女朋友不敢玩这些刺激的游戏，我们每次上去疯狂的时候，她就在下面等着我们，我、娟娟、“翻版先生”都在上面叫疯了。有一个项目要在空中倒立很久，完全惊恐，脑都充血了，“翻版先生”虽然胆子也不大，不过也都陪着我们疯，经典的过山车、海盗船，那些曾经的年少幼稚的疯狂，其实，是对童真永远不变的热情。

当我们飞起来的时候，可以看到大海，可以看到山峰，这是怎样的一种刺激，平时喜欢闭眼睛的我，居然彻底把眼睛打开了，因为有人陪着我疯，我是人来疯。

第一次，在各种飞来飞去的道具和轨道上观看海和山的美景，美呆了，心跳都快停止了。

“翻版先生”的女朋友跟我们去看了4D电影，去了室内游乐场，玩了旋转木马和碰碰车，跟国内的感觉还真不一样。玩碰碰车的时候，“翻版先生”跟我真的是杠上了，不是他撞我，就是我撞他，还好我车技高超，把他打败了。

一路上，跟“翻版先生”聊了很多，从聊天中，我真的发现我们很谈得来，想法也很一样。不过，别人已经名花有主了，顶多也只能成为好朋友了。他看着我的眼神，让我觉得跟吴先生太像了，好像总能知道我的想法，知道我要干什么。

我们五点多到，八点就把所有的内容全部玩了一遍，在漆黑中，坐着缆车，饱览一番芽庄美丽的夜景，我们今天真是玩对了，感觉该看的、该玩的都尽兴了。

“走，我带你们去吃宵夜，想吃什么尽管点，今天我请客。”“翻版先生”今天是玩高兴了。

“这么好？”

“是啊，看你今天带着我们玩了一天，犒劳犒劳你。”

“要请，就请别人吃好吃的啊，别敷衍别人啊。”“翻版先生”的女朋友说。

“当然啦，要不去酒吧。”

“好啊，我要看你们跳舞。”我嚷着说。

他简直比吴先生好很多，人也大方，而且更有情，他的出现可能是替吴先生补偿了吧。

芽庄，真的是国内外度假的好地方，可以来潜水、来疗养。大名鼎鼎的四岛游，早上九点开始到下午四点，其余时间可以洗个泥浴、做个按摩，或者吃海鲜，喝喝这边美好的饮料，有越南咖啡、奶昔和酸奶。当然最不可错过的，就是这里的娱乐生活，处处都是充满浓情蜜意的。

Vietnam

我不会局限在美奈，而是喜欢往前走，
到附近看看，去游客不知道的地方。

在神奇的美奈命运般地走散

一大早，我们就依依不舍离开芽庄了，真心喜欢芽庄这个地方，清新中带有浓厚的世界多样性文化，有印度风格、法式风格，还有中式风格，很新奇。这里同样是当地人的乐园，适合度假，适合偶遇，也适合成群结队在这里与大海和岛屿聚会。

“你们到了美奈有什么安排计划？”

“还不是跟着你。”

“总觉得我们俩会不会妨碍你们二人世界？”

“不会啊，大家一起玩，人多才好玩嘛。”

真的觉得这对情侣很让人羡慕。有些女子，看不得自己的男朋友跟别的女子一起玩，旅行中，会想方设法地牢牢把他看住，排斥外来的一切女子。但是他们却不一样，跟我们沿途搭伴，并没有感受到女方那边很多的束缚和压力。无论怎么跟男方玩到一起，无论眼前这个人是有多翻版吴先生，我都已经不再想起、不再难过、不再感慨了。过去的已经过去了，未完成的故事有了新的结局，一个我想要的结局，一个在上次旅途中没有完成的结局，以一种奇妙的方式收尾，但是是收尾，还是另一个新开始，或许要到下一个新旅程才会有新的答案。

越南，越往南越美，从芽庄到美奈的路上，海景也没有断过，可以欣赏到白色、黄色和红色的沙子，在巴士上，已经可以感受到它们的缤纷和细腻了。

抵达美奈，第一时间迎接我们的是暖暖的阳光和闪闪的海水，这里有豪华的别墅，也有隐藏着的小旅馆，都精心装修过的，选择很多，看着一对对的情侣漫步街头，这里真是他们另类的蜜月胜地。吉普车和单车、巴士是这里的主要交通工具，这里很平民化，小渔村，大浪漫，是非主流新婚度假地。

美奈，就一条主街道，所有的东西都在街道两边，一边靠海，一边靠山，靠海有很多高级旅馆，靠山的多是民宿，色彩都很鲜艳。

“不如你们去那边找找，我们去另一头，待会再联系。”我说。

我们决定分开找旅馆，他们往左，我们朝右，讲究效率。

我和娟娟找了很久旅馆，很多都满了，后来在摩托车师傅的带领下，终于找到了便宜一点的，很普通的民宿，也没有网络、没有空调，却有一个当地人的小院子。跟豪华的酒店没得比，可是，我偏偏喜欢这土生土长的小院子，我喜欢穷游的原因之一也正是这个——不要那些粉刷的墙壁和高级的围栏，我喜欢拥抱大自然和感受乡土气息。

“就我们两个一起好了。”我说。

“对啊，别打扰别人二人世界了。”

“可能他们也这样想，只是没说出来。”

“你不是说他是什么谁谁谁的翻版吗，你之前旅行遇见的。”

“嗯，我想经过他之后，我已经彻底忘记之前那个人了，真的一点感觉没有了。”

“你们只是路上认识，而且也没有怎么样，那种人，早就应该忘记了。”

“可能旅途中，容易让人陷入一瞬间的浪漫幻觉吧，当某个类似他的人再次出现，其实会发现也不过如此淡然。”

“他们肯定去海边住了吧。”

“嗯，这里，是属于他们两个人的浪漫，我们是属于冒险型的，我可没信心带上他们冒险。”

离开了他们，我彻底觉得曾经在自己身上的一些小伤口好了，如果有缘，会再见面，旅途的东西，有些不应该带入现实生活。真的感情，是不需要约束，不需要控制和独占的，而是相互信任。

找到旅馆，我们马上跑到海边，点了杯冰冻柠檬汁，这边的柠檬汁太好喝了，真的不枉我不远千里过来就为了喝这边的柠檬汁。

我们所处的地方，就在高出海边的一块平台上，大海就在我身边咆哮，海浪还会溅在身上，12 公里的海岸线，都在眼前，这次有种在海上飘着的感觉，霞光还在，瞬间的美丽。能坐着看一场华丽的日落，真的觉得一切的苦都值得了，每个海都是不同的，越南的海，到现在还没有腻过，没有发现重复的感觉。

坐在这里，感觉自己就在海的中心、在海岸线的中点，可以清楚看到两边的海岸线和房屋，然后面前就是汹涌的大海，第一次觉得自己可以看着大海这么近，这么近，觉得自己好像来到了宇宙的源头。

在东南亚，每天必须来一杯果汁、奶昔。晚上坐在海边的餐厅或酒吧里喝着果汁或啤酒，再来点海鲜和烧烤，处处是美女，感性的音乐，面对无边无际的大海，什么烦恼都一边去吧。

天色暗下去，渐渐起风，热闹的夜市又要开始了，各国背包客们运动归来，是时候来一个浪漫的晚餐，来好好补充一下能量了，到处都是约会的情侣，充满着阳光气息的帅哥美女。当然，还有纯粹过来度假的叔叔阿姨，很少看见一个人，都是成群结伴，我很感激这个时候身边有娟娟，不然，我自己一个人，将是多么的乏味，东南亚这个聚会场所，除了一个人的安静时光，几乎都是一帮人的狂欢。

一直到现在，他们也没有联系我们。估计也联系不上，我根本上不了网，电话也不通，自然地分开，或许是最好的方式。有缘的话，还会见面，缘起缘灭，不可抗拒。

在这样的地方，只想跟随自己的步伐，往前走，没有目的地，只想随意地在渔村漫步，然后随便坐上一辆巴士就走，看到好风景就下车，然后在一个地方待着，继续寻找下一个有感觉的地方。

我肯定是要到附近瞎逛逛的，我们坐上九路巴士，打算去附近的城镇藩切，去发现新大陆。

明明只有十几公里，坐车都坐了半个多小时了。这回是不是迷路了？或者坐过了站，去到了完全未知的地方？因为车上的售票员英语也不行，就只能靠自己瞎猜了。不知道自己在哪里，不知道什么时候下车。

后来，看几个外国人下车，我们也下车了。完全陌生的小镇，它是藩切吗？还是别的什么地方？我就当这里是目的地了，或许是，或许不是，也没必要知道，去发现这里的特色比在哪里重要。经过搜寻，我们吃到了当地美味的糖水，才几块钱，料很足，很丰富，冰水很甜很好喝，口味多多，有香蕉、番薯、椰果、酸奶、红豆、绿豆等等。

我不会局限在美奈，而是喜欢往前走，到附近看看，去游客不知道的地方。我喜欢坐在巴士上欣赏夜景，把这个地方的结构弄清楚，并计划行程，坐上巴士，随意上车下车，看着窗外的夜色和房子。在巴士上，可以看到小渔村恬淡的夜景，还看到一条通往大海中心的路，全部是情侣，可以从主路走过去，很多人在那里散散步，谈谈情。这里，是个浪漫的地方。每个夜晚，感觉都很美好。

我试着寻找"翻版先生"和他女朋友，可是已经找不到了，突然又觉得应该告别一下比较好，总觉得少了点什么。

来到了美奈，不管白天还是晚上，还是要去海边，漆黑的夜里，来到海边，脚踩在细细的沙子上，好震撼啊，大海的力量征服了我，眼前似乎是整个宇宙的海水，汹涌咆哮着，无止境的要吞没你的胆怯。看这些旅馆，真的是迈出去一步就可以游泳了，他们可以整天听着海浪，要怎么浪漫就怎么浪漫，想怎么在海边疯狂就怎么疯狂。

夜晚的美奈，总的还是很安静的，我和朋友两个人避开了那些热闹的场所，随便找了一间餐厅，开始我们每天必须做的一件事情：喝果汁。这里的餐厅设计很别致，脱离了法式建筑的束缚，更加有创意。

这样的夜，有你、有我、有音乐、有新鲜的果汁、有放松的人们、有浪漫的灯光，明天会更美好的，每一天都会有好梦，旅行，不失眠，睡得香。是的，我为了做一个好梦，来到了美奈。

不知道中国男子和他女朋友这个时候在哪里，肯定也是在这种强烈的氛围里大吃大喝，乐不思蜀了吧。

美奈到胡志明市，从清净到喧嚣

美奈，这个名字一听，就充满了无限的梦幻魔力，只不过是一个小渔村的地方，变成了欧美背包客度假的天堂。整个城市一条直道，在这条道上慢慢走走，看看这些小店，看看大海，直接就有一种在海水里生活的感觉，自己就像渔夫一样，逍遥自在。生活在海边，每天可以吃到新鲜的海鲜，每天可以在沙滩上晒太阳，吹吹风，住在海边是如此幸福。

随着阳光的渗透，睡到自然醒，今天让我们好好感受一下美奈的特色吧。一大早，第一件事，到海边拍日出，感受清晨的大海，然后走几公里路，通过走路感受这个小渔村的魅力。

我们住的地方就在主街道正中心的位置，而景点都在同一个方向上，我决定在这个大好的早上首先徒步几公里，然后再进入下一个景点——神仙泉。我们边走边参观各种有特色的房子、餐厅、旅馆，也是一种享受，每个小院子前的花园是一种艺术的设计，好的艺术和设计往往低调地隐藏着。

神仙泉，真是好好玩，走在黄色的细沙泥水里，好软、好舒服，水刚好没过脚踝，缓缓抚摸我的肌肤，给人们带来幸福的魔咒。小泉水旁的那些白色的风沙岩石也是经典，还有两岸的黄色沙滩，也很好看，边看风景，边在水里和神仙泉水嬉戏。往里面走，岩壁就越变成了红色，脚底下也都是些石灰岩，神仙泉的名字，包含丰富的含义。

这个小渔村小港口，在大海面前却变得强大，丝毫没有被大海的壮阔而影响，反而一片欣欣向荣，围绕着海边过自己神仙般的日子。“神仙泉”这个名字，起得很适合这里，虽然是黄水，可是走进去，完全不会觉得脏，还会觉得很神圣，能够温柔自己，能够洗刷自己，美奈，没有被外界污染的地方，尽管有很多人过来度假，一切还是和谐与美好的。这里能找到质朴的感觉，有最纯正的越南民风，到处都是椰子树，到处都是美的笑容，善良的空气飘在大海上。

而红沙滩，其实没有想象那么红，还以为是黄沙滩，可是问了当地人，他们就说黄沙滩就是红沙滩，要日落或者日出的时候，沙滩才会被映红的，成为红沙滩。

我们还是不死心，沿着海边走了好久，想去发现传说中的红沙滩，走了好久，整个沙滩就我们两人，过瘾，海风超级无敌猛。总之，还是冒险，走到没去过的地方、未知海域与高速公路，差点迷路。一路的惊险，是为了自己去寻找，寻找某种东西，独一无二的，一辈子就想干这么一件事，沿着未知的海边一直往前走。

无人的海边，一点也不风平浪静，就我们两个误闯了这里，这是个远离世俗的地方，结果，我们越走越远，完全迷路了。

这里好多海边，都是当地人的度假村，没想到，这么远的地方，也还有这么多度假村，当地人真的很会享受生活，这里，好多私人浴场。

迷路迷得都不知道怎么回去了，走得太远了，如果继续走路的话，等下就赶不上下午的车去胡志明市了。而且，我们两个已经走路走到快疯了。

“拦车回去吧。”我说。

“可是要怎么拦？不会很危险吧？”

“没事，有我在呢。”

搭车旅行，各种语言不通，各种拦不到车，还好路边有一些小店铺，后来，我们只好用画画的方式来表达我们的意思，向他们求助，我们在上面画了车和巴士的图画，店铺老板还帮我们拦了一辆车回到美奈。最后，我们终于赶上了去胡志明市的车。

到胡志明市了，周围有一大堆小的旅行社，人来人往，很热闹，我看着路牌，对照地图，才发现自己居然就在大名鼎鼎的范老五街，恍然进入另一个世界。这里的背包客果然不是一般的多，我们背着大包找旅馆，发现旅馆都满房了，包括巷子里的家庭旅馆，然后最厉害的不是旅馆订爆了，而是巷子里全是美食摊，全是背包客。

走出了巷子，在范老五主街的正中心处，我们找到了一家旅馆。一出来，就可以感受到史上最强烈的背包客气氛，我们把周围一整个大区域都大致逛了一下，然后锁定几个目标和几个巷子，逛来逛去，最后选择到巷子里吃晚饭，巷子里的人气果然是最火爆的。

不知道中国男子和他女朋友这个时候在哪里，肯定也是在这种浓烈的氛围里大吃大喝，乐不思蜀了吧。我只是想知道他们在哪里，在做什么，纯粹好奇而已。就这么匆匆地告别，其实我不喜欢，可是也总比某些正式的告别来得潇洒。

到这里，我知道，我必须整理之前旅行的一切，才能重新走下去。

不可以只陷在过去里，人，不可以太相信和依靠自己的感觉过日子。

1. 两个人，两碗河内的米粉，又爽又兴奋。
2. 东南亚的特色果汁，十分诱人。

1 2
3

1. 缥缈梦幻的下龙湾，真心觉得奇特的美景。
2. 宁平，船夫用脚划船。
3. 坐缆车到对面的小岛，独一无二的体验。

1
2

1. 会安古城，倒影在水里的古色古香。
2. 从会安古城走到海边，就是为了偶遇在路上的这独一无二的天然的生活。

1
2

1. 美奈，恬淡而漂亮，随心所欲的小浪漫。
2. 在美奈的红沙滩，它究竟是黄、是橙、还是红？阳光下，美奈海边，椰子树下的惬意。

1
2

1. 越南的人们在文庙愉快庆祝他们的新年，我庆祝我的旅行。
2. 文庙里丰富多彩的新年活动，让我这一个“路人”也融入了其中。

1. 芽庄安静的海边——芽庄海边的那刻安静，体验独自占有海的另一种味道。
2. 芽庄的海，被岛屿、群山和绿树围绕。
3. 芽庄的印度庙宇，仿佛深藏了许多故事。
4. 芽庄钟屿石岬角，爱上海边的每一处风景，爱上写下的每一个字眼。

跑到龙山寺来看大卧佛，感受多元文化的芽庄。

1
2

1. 越南人十分爱骑摩托车，我也想开着摩托车环游世界。
2. 夜晚的胡志明市，就应该在这里喝醉，high 到世界末日。

现在坐着的两个人，一个是刚刚辞职的朋友娟娟，
一个是我，在北京拼搏，却一无所有，住着地下室的我。

西贡是传说中的传奇

西贡（即胡志明市）有一种气息，很休闲自在，似乎没有想法说要起个大早赶景点，似乎完全没有方向感。城市很大很大，觉得自己可以一天徒步完成西贡市内游，于是和娟娟睡到八点多，跑到旅行社打听去柬埔寨的车票，然后买个法式面包，来瓶酸奶，就可以正式开始徒步了。

在范老五街（本名“范五老街”）走路，从每条巷子都能穿到大路上，这就是范老五街的特色了，每一次都想从不同的巷子穿过去，寻找不一样的感觉。我们随便走进一条熟悉的巷子，从巷子穿过去，就可以走到一个大公园，然后就是主街道了。跟之前的大暴走和徒步一样，一张地图，自己找方向，不会就问路，一下子，

我们就走到了马里阿曼印度寺庙和清真寺。我依然觉得印度的寺庙是最不可思议的，颜色怎么可以这么惹人惊喜，图案怎么可以这么丰富。

接下来去了战争遗迹博物馆和统一宫，今天又学习到文化和历史。之前看了越南这么多人文和风景，现在可以好好归纳一下了。

从统一宫出来，便是圣母大教堂，所谓的红教堂，再一次看到了这里欧洲文化的影子。我们两个走到广场拍照，我神奇地看到了“翻版先生”和他女朋友！

在圣母大教堂前面，最幸福的不是圣母的温暖，而是他们两个。幸福的人们，在灿烂的阳光下，他们正在甜蜜地拍照。

我一切都觉得明朗了，真的，为他们的幸福感到真心的快乐。他和“他”根本不是同一个人。过去的早就已经过去，今天也即将过去，明天，将会遇见对的人。

还没等我叫他们，“翻版先生”就已经把我叫住了。

他说怎么那天在美奈就突然没联系了，也找不到我们了，他也没能跟我们告别。

我说就那么神奇地走散了的，就那么找不到了的。

究竟我们还要遇见几次呢？实在是太神奇了，“翻版先生”说他们在美奈租了摩托车到处玩，特别好玩，还想着这次能不能在路上把我们捡上，不过一直没有看见我们，他说他知道我们肯定又是各种徒步。

是的，我们不仅徒步，还各种迷路，发现了很多新奇的东西。

他们才刚到，大家路线不同，就没有一起走了，“翻版先生”说祝我们旅途愉快，千万别走太多路，要注意安全。

我祝他们早日结婚，早生贵子，永结同心。

每个人都有自己不同的命运，我现在的命运，就是继续流浪。成家？貌似还很遥远，只能祝福别人了。

之后我们去了西贡邮局、胡志明市政厅和博物馆。在博物馆里看拍婚纱照的新人，在市政厅广场了解这个国家的流行元素和人居环境，迷灵广场、西贡河，还有好几个不知名的公园，以及边青市场、西贡广场，我们真的徒步走完全程了。

途中经过最繁华地带，全部是各种名牌的百货大楼和商店，逛了免税店、大商场，也去了小集市。这种逛街，就像在平时日常生活里一样，感觉是在生活。在胡志明市，真的是传奇中的传奇，不仅仅遇到了“翻版先生”，而且还可以走路，把整个城市走穿，这里明明很大，可是走起来一下就走完了，高楼大厦和古典民房都可以在同一时间收入眼底。

我们走了一整天，晒死了、热惨了，边走边享受在路上的人生才是王道。西贡是越南的大城市，可以逛的地方很多很多，这里什么都有，可以很好地看越南的生活，感觉真正进入到他们生活的地盘，投入到越南的文化当中了。

回到范五老街，在一家很有名的背包餐厅喝东西，白天的这里明显安静很多，老外们坐在里面，可以发呆一整天，真是休闲自在啊。

这里白天文艺舒适，晚上又最爱大排档，两全其美。先坐大排档吃个饭，然后再找个吧，或者再到巷子找点小吃，然后再坐在街边发呆，无忧无虑。

现在坐着的两个人，一个是刚刚辞职的朋友娟娟，一个是我，在北京拼搏，却一无所有，住着地下室的我。两个没有工作的人，在这里逍遥地疯狂旅行，暴走，吃喝玩乐，把所有人生的压力、未来的紧张和不确定都置之脑后。

拍摄着这些随意的照片和任何一处小的风景，失业了又如何？没有钱又如何？大龄未婚女又如何？我的青春我做主。正因为没有钱，才没有关于金钱的烦恼，没钱，穷游，其实大有优点。

我们谈到了未来的人生，我们将会继续寻找属于自己合适的生活和工作，娟娟虽然本来有一份稳定的好工作，她却说那不是她想要的工作，虽然薪水不错，很稳定，但是缺少激情，自己应该重新寻找一份充满挑战和创意的工作。

而我，对于未来，我希望可以做自己喜欢的事情，从旅行中寻找灵感和机遇。

现在的我们，是这样坐在异国他乡，感受异国风情，解开心中被工作压抑已久的疲倦，不知道一年之后的我们，又是什么样子的呢？希望我的下本书可以告诉你，告诉你我环游其他国家的故事。

范老五街，实在是适合疯狂的背包一族，小店里面挤满了外国人，凳子都摆到路上了，没有什么餐厅、酒吧之分，到了晚上，就全部是啤酒的世界，无人可以抗拒便宜啤酒的诱惑。看他们堆在一起喝酒聊天，我在猜想自己敢不敢也放开地走进去，凑到他们中间去，随便找个人多的桌子坐下来，叫上一瓶瓶酒，跟他们交谈。

旅游应该放开，什么文化差异，什么肤色，什么外在的因素都应该抛掉，切切实实、完完全全地进入到当地的特色和生活中。不然，自己永远是一个过客，永远感受不了那种疯狂的魅力。

在范老五街的主街上，你可以看到各色各样穿着性感的女子，也可以看到在闪烁和魅惑的吧台灯光里她们与男子的调情，貌似这里丝毫不比泰国弱。红色的灯光，吵闹的舞曲音乐，突然觉得我们两个是这么的不合群，我们是不是太过于安静和斯文了？我们应该混进去和她们一起大醉一场。

唉，想是这么想，可是看到这一大帮一大帮的喝酒侠客们，和我们的风格完全不同，看来，我们还是喜欢两个人的孤单，还是不喜欢凑这种热闹，时机未到，两个女生，还是收敛一点好。这种光景，看看就好了。

人生不应该活得那么死板，那么憋屈自己，敞开来，投入汹涌的人群，于是，我回到旅馆之后，又不死心地再把热闹的街道逛了一下，再感受了一下这种氛围，突然觉得心中的憋屈、隐痛都被打散了，泡开了，看到所有人没有严肃的表情，没有任何对生活的不满，我就那么远远看着狂欢的人。

宣泄吧，青春；咆哮吧，梦想。青春应该热血飞扬，奔放旺盛。

我应该选择怎么活着的方式，我要重新选择，重新出发，开始不同的生活。

Cambodia

柬埔寨

Chapter 02
柬埔寨，有情有义有爱的青春

多了一个人一起分担费用，
这就是作为穷游背包客的好处，无处不可以搭伴做朋友，
不分国籍，不分男女。

姐妹兵分两路闯金边

现在的旅行已经进入高潮，来到更加兴奋的状态了，我们一大早搭就第一班车去金边，过关十分顺利，下午两点多就到了。在车上，工作人员会收 25 美金的签证费用，签证是 20 美金的，还有 5 美金小费。

多给 5 美金，他们会帮忙填好表格，很方便，越南、柬埔寨、老挝之间的连接，已经非常成熟和有系统了，更加便利大家的东南亚之旅。进柬埔寨的时候，每个指头都要按指纹，而且边境换钱的汇率低，我换了一点，亏了，不过旅行哪有不吃亏的？有时候自己吃亏，就当给别人赚赚钱、做做好事吧。舍得吃亏，心情愉悦，不生病。

进入了柬埔寨，总体风格没有多大的变化，主要的是感觉柬埔寨话要比越南话温柔一点。这里依旧是背包客狂

欢的地方，而不仅仅只有吴哥窟。小小的一个国家，可以挖掘出很多东西来。我最喜欢这样的地方，小景点丝毫不逊色给著名的大景点。

这一点，我到了金边车站就意识到了，整个车站堆满了背包客，和当地人自然地混合在一起，我们买明天去暹粒的票的时候，遇到了一名中国男子，他正要买票去西哈努克市，还有一些背包客也买了去别的城市和村庄的票。这就是东南亚，没有特定的旅行城市，哪里都可以成为自己居住和旅行的地方，东南亚有很多小村庄和城市，等待着这些一批批的背包客去开发新的路线。

西哈努克市，一个我也很想去的地方，那里是穷游的天堂，是嬉皮士的聚集地，可是因为时间关系，我们没有那么多闲情逸致去那里发呆，疗伤。在西哈努克市适合住上一阵子，我们这样子去的话，感受不到最原汁原味的西哈努克市，还是下次再去一次，住久点，再接着重游一遍泰国也不错。

我和娟娟叫了个 tutu（突突车，一种三轮车），带我们去了一家有名的背包旅馆，价格也很合适，附近都是青年旅舍，具有浓厚的背包客气氛。一路过来，可以看到很显著的东南亚特色，小店铺、小餐厅，一切都很随意，东南亚永远都是温暖的。

我们走出了旅馆，正愁着怎么逛金边的时候，就有很多 tutu 车向我们打招呼了，金边的 tutu 车都很奇特，每一辆 tutu 车都是一个小小的旅游车，车上挂满了所有景点的图片，你可以自己挑选想去的景点和顺序，还好我有提前做功课，知道自己要去的地方。

我们观看着车上的图片。旁边有一个特别和蔼的老爷爷，他很热情地让我们挑选地方，正当这个时候，我看见一个外国男子也凑过来认真看着车上的图片。

“Hello!”帅男子跟我们大家打招呼。

我看到了他俊俏的脸孔，不自觉地说：“Hello! Are you wanna take a tutu？”

“Yes，it's better，that I can find someone to share the travel together.”

“Where are you from？”我好奇地问。

“Germany.”

“Beautiful country!”

“China is also beautiful，I want to go there.”

神奇，又被猜中我们来自“美丽的中国”了。

我说我们可以一起去，他非常高兴，说非常乐意和我们一起游玩金边，没想到，一下子就找到人一起了。

多了一个人一起分担费用，这就是作为穷游背包客的好处，无处不可以搭伴做朋友，不分国籍，不分男女。

大家一致决定不去钟屋杀人场和监狱博物馆，因为大家都兴趣不大，表示比较喜欢去一些金边生活特色和文化氛围强烈的地方。

我们提前跟老爷爷把所有景点定好，老爷爷看我们这几个人也挺有趣的，就给了我们友好的价格，速战速决，马上出发。

老爷爷的 tutu 车开得慢慢的，符合东南亚的慢气息，其实有时候不在乎景点，而是在乎采用什么样的旅行方式，和谁在一起。老爷爷一边认真开车，一边运用自己会的所有英语给我们讲解，虽然只是简短几句，不过也让人觉得愉悦。

德国男子，不时拿出他的 DV，把沿途的景色拍下来，我们就像拍电影一样。他非常幽默风趣，和印象中德国人的死板完全不同，看来真的不能以国籍来评论一个人，不能说某某国的人怎么样了。德国男子的旅馆就住在我们旁边，他从老挝过来，正在享受美好的假期，下一站，会去越南，怎么正好和我相反？故意的？

浪漫地坐着老爷爷的 tutu 车，把整个市中心都逛了，先是王宫，然后是博物馆，再到塔山，感受着金边的金灿灿和绚烂。之所以说是浪漫，是一种当时的感觉，像播放浪漫情歌一样的感觉。老爷爷生怕我们错过任何一处景点，给足我们充分时间参观，各种寺庙的建筑也都带我们去，多到我连自己去的是哪一个都不知道了。而这德国男子（后来我才知道他叫本杰明），简直成了我们的专业摄影师了，他真是个奇才，是个异类，都知道外国人不喜欢拍照，他却怎么这么喜欢拍照，并且还很有自己对角度和镜头的见解。正好，我们也喜欢被拍。他还学我们中国式的拍照，剪刀手，模仿我们的Chinese style，跟我们摆各种pose。

这里的温度，最热一定有35℃了，我们真是汗流浃背，任凭阳光暴晒，火热得不能再火热，充实得不能再充实了。虽然说我们大家都看过泰国的大王宫，但我认为金边的王宫也是金碧辉煌得可以让人眼花缭乱，加上这百分之百给力的阳光，金边的所有建筑物都火辣辣地冒着金光和热气。不过看着这么敬业的老爷爷，还有两位好玩的搭档，这个冬天，必须热力四射的。

我一路上没少烦老爷爷，就连干涸了的万古湖也不放过，也嚷着要去，谁让我太熟悉景点了无法被忽悠呢？老爷爷跟我们讲述着这湖的历史，湖边有很多玩耍的小孩，旅程突然由浪漫变成了童趣。

东南亚，最好逛的还有市场。中央市场，像个黄色的大菠萝或者榴莲，特别有热带风情，让人想咬一口。市场里最吸引人眼球的就是美食了，由于品种繁多，得了选择困难症，索性一个都没买，大家达成一致，晚上再去夜市豪吃一顿。

金边，除了看一看它的历史，还有一些现代化的娱乐场所，最大的就是Nago娱乐世界，它对面是个大型的游乐园，整个建筑都装修得十分华丽，跟之前的风格截然不同，里面也很豪华，有赌场和很多高级餐厅，装修很辉煌。老爷爷说，这个地方很受中国人的欢迎。我们在里面逛了一圈，我只想到一个问题，就是这里是否也可以有免费蹭吃的自主餐，像尼泊尔那样，我突然又怀念起尼泊尔，又想念起了尼泊尔，但是这里也同样美好。

当我对德国男子说到尼泊尔的时候，他居然也说去了那个赌场，而且，他也住过我之前住的那个酒店。世界实在太小了，很多事情，或许都不是巧合，这个世界，它本来就很巧，旅行，就是要让我们体会它的巧和妙。

“要不要赌一把？”我问娟娟。

“但是老爷爷要下班回家了。”

“嗯，先回去再说吧。”一天时间很长，待会儿再谋大计。金边，可不是坐个 tutu 和看几个景点就能结束的，它总得疯狂到一个点上，去到每一个地方都一样，总得到一个临界点、极限上，才舍得说再见。

最后老爷爷带我们去湄公河看了日落。湄公河，它是最不加修饰的，最不做作的，它浑然天成，朴实之中让人觉得到踏实、沉稳、干练、温柔，仿佛是自己未来要找的理想型。周围的景致充满现代化气息，有很多很新的现代化建筑。金边是一个充满可能性的城市，大力发展建设的话，还是很有希望大变身的，可是，矛盾的是，这安然的一切，又很想让人安于现状。

日落之下，一切都很平静，这里就是越南和柬埔寨的湄公河的交汇处了，也是人生的某个结点了，在这里总结过去，展望未来吧。

我们几个坐不住的人，在这岸边还要大闹一番，硬是要破坏这种宁静，在岸边手舞足蹈起来，不知道为什么，这种普通的景致也能让我们兴奋起来，心里觉得很舒服就对了，在岸边不舒展一下筋骨，都有点对不起这美丽的日落和生活的本质。

至于晚上，当然是去夜市吃小吃了，德国男也过来找我们一起去，我们住在王宫那边，离河很近，周围都是餐厅，非常不错。我们宁愿先饿着肚子，也要走到夜市去吃，夜市是穷游儿们的天堂，高级餐厅只适合情侣，我们这种无所谓的流浪汉，还是习惯随便一点的场所，来把自己投入到民间里去。

提到“夜市”这个词，夜市，是人生中美好的回忆，是我们童年的回忆。我们这个年纪的，对夜市的感情可不是一般的，它伴我们度过了青春的时光。现在，在金边，寻找各种夜市，和当地人一起体验真正的、那些过去岁月里的生活情趣。

今晚热闹非凡，小广场还有人在唱歌，广场上放着最新的韩语歌，周围是各式各样的衣服店铺和首饰店，眼睛都看花了。更让人眼花缭乱的就是美食了，多到真的不知道吃什么，感觉随便闭着眼睛拿就可以了，感觉可以把所有不同种类的都拿下。

我最喜欢的，就是看着当地人在地上铺一毯子，大家坐在上面吃小吃，好多老外也完全融入到当地人角色，吃得可香了。这太有东南亚风味了。我太爱这种感觉了，这不就是流浪背包客最喜欢的氛围吗？坐在席子上，一堆美食往上面一扔，不管是什么，随便往嘴里一送，香喷喷的、甜滋滋的感觉。

首先是瓶装的各种五颜六色的饮料，也不管有没色素，不管是什么味道，尝尝再说，其次是各种串，再次，就是来汤汤水水的大份的，跟当地人一起坐在地上吃。

我们各自挑了自己想吃的，然后找了个毯子坐下，哇，多么丰富的晚餐加夜宵，有菜有肉，有汤有汁，穷游也是幸福的，难得豪吃一顿。

柬埔寨人真的很幸福啊，这么多好吃的。其实我们也很幸福，有时候，只是身在福中不知福，看到这里，我想起了家里附近的夜市，不一样的是，这里是旅游胜地，家里那边只是一般住宅区。这里集中了柬埔寨美食的精华，而且所有人在这里，不分你我，不分国家，不分社会制度。

本杰明也吃得好开心，像个小孩一样，他开始跟我讲他在中国的时候，也被中国的美食征服了，他能说出一堆的中国小吃，说的时候眼睛里还透露出对中国的喜爱。

“你还想去中国吗？”

“当然，我还想去中国其他地方。”

“好！下次你去中国的时候，我们也许还可以再见面。”我笑着说，其实我说这话的时候有点脸红。

不知道说完这些话，有哪些是可以成真的，路上的约定，究竟会有几个兑现呢？无论如何，人生很短，要珍惜眼前遇见的每一个人，以真心相待。

金边，不愧是美食天堂啊，除了小吃，各种酒吧、高级餐厅围绕着洞里萨湖，好多老外享受此美好时光。我们吃完小吃，沿着河边走回旅馆，热闹的氛围，还有各种广场，让金边充满活力。

这样的夜，真不希望就这么过去，想一整晚都泡在金边的夜晚生活里，不到人烟散尽，不想回旅馆，直到眼睛睁不开为止，都想继续看更多的地方，走更多的路。我们沿着湄公河的广场走了走，又到一些餐厅去逛了逛，东南亚绝对是世界上最大的美食天堂，每个著名城市里都有大片的美食区，来东南亚，即便我不去景点，不走路，每天就是为了品尝美食，也觉得是过一种幸福得像猪一样的生活。

不想就这么回旅馆，明天就去暹粒了。舍不得，跟一些机遇和故事说再见，我看看本杰明，他也沉浸在自己的思索中，这个时候，娟娟忍不住了。

“我真的好想回去那个赌场玩一把。”

赌场！

这个充满冒险和挑战的词，燃起了我全身的血液，娟娟太猛了，这个时候去赌场，太强悍了。可是我真的对赌场没有什么兴趣。

“没事，我一个人去，你先回去吧。”

“你一个人去没关系吧？”

“没事，我玩几把就回来，不想留下遗憾。”

“你记得路吧？一直往前走，右拐就是了。”

“嗯，如果赢钱了，我们再去好好 happy 一下。”

“会的，会的，你在这方面运气很好。

“我就玩一把就回来，不管了，输了就输了。”

就这样，娟娟一个人去赌场，在旅行中，想做什么就去做，青春，本来就是赌一把，别留遗憾。

我看着娟娟离去的身影，在黑暗中，我心里其实很不放心，这是我们这么久第一次两个人分开行动。可是我相信她，她说没问题，就一定没问题，看着还有大概要走半个小时的样子，其实我还是挺担心的。不过，是时候让我们两个单独去闯闯了，每个人都想要自己疯一下的时候，都需要冲动。世界无穷大，等你去挑战。

有没有搞错，现在只剩下我和本杰明了。这样的夜晚，这样的时光，怎么办？

“要不，我们再去夜市吃一顿？”我开着玩笑对本杰明说。

“好主意！我们可以在那坐到明天早上！”

哈哈，有人陪我疯了。

我对他说，我们应该首先追上娟娟，和她一起去赌场，然后我们三个再一起去疯。

“不，就你和我去最好了。”

本杰明是个非常风趣的人，性格也很好，我说他应该和我再去一遍老挝。他说不想去老挝，以后要跟我在中国见面。

聊着聊着，我们走回了旅馆。

本杰明说他在他的旅馆认识了一些背包客，可以回去见见他们。

我和他去到他的旅馆，又有一堆人已经坐在了旅馆小客厅的桌子旁，貌似在开展各国会谈。

一眼望过去，中年人居多，各种肤色，各个年龄的，不分男女老少，七八人，往那一坐，正发表着自己对人生、对世界的见解，当然，还有最重要的：故事。

他们看见本杰明来了，连忙让他过去坐，本杰明连忙也把我拉上，坐在他旁边。

本杰明连忙介绍我，大家听说我来自中国，又开始发表了一大堆关于中国的话题，都表示对中国的密切关注。

每次一说到中国，我就会跟他们说一大堆中国的美景和美食，但是说起政治问题，似乎他们比我还了解。

我这还是第一次，在这么多人面前跟他们说中国，告诉他们中国的美好与现实，几乎把自己能知道的优良文化都说了。

大家对于中国的问题实在是太多了，是对我英语和历史水平的考验。

旅行就是疯狂认识人，见识各个国家的人，跟各种人聊天，每天不遇到一堆人不畅快，每天不用英语大肆聊一顿就觉得不舒服。

我想着娟娟要回来了，于是也没有多呆着，本杰明说他们还准备喝几杯，让我留下来，我只能说明天一早还要坐车去暹粒，所以要先回旅馆了。

本杰明把我送到了酒店，分别之前，他突然用一种依依不舍的眼神看着我，他那明亮的大眼睛里面有什么东西在闪闪发光，脸，微微粉红。

"See you later，in China，or anywhere."

"Nini，I do not want you go."

"Do you want to go with me to Laos again？"我开玩笑地说。

"If you want me go with you."

"Really？ No, I do not want to go with you，we should travel alone."

"Why？"

"Because you need to have your own trip."

他问我们怎样才能见面，我说天大地大的，估计很难见了。

他顿时非常沮丧。我笑着说，我以后去德国的话，就去找他。

他又顿时来了精神，反复强调要我去柏林找他。

"OK！ No problem！ See you there soon."

直到我上楼梯，德国男子才离开，看着他的离去，我心情其实也很复杂，不过，这就是旅途了。

旅途，这短短的两个字，你知道有多少复杂的心思和情绪在里面吗？

谁让我们的行程正好相反？旅行中，可以一起走一段的人，真的是一种天大的缘分，若遇到对的人，什么行程都可以放弃，放弃一切，奋不顾身跟他走。可惜，本杰明还是会走自己的路线，要在一天之内就对某人不离不弃，实在是太难了。而且我不会为了这，而让他人改变自己本来的路线，我喜欢各走各路，有缘相逢的豪爽。

愉快的见面，愉快地分别，愉快地迎接新的一切。

我刚进房门，亲爱的娟娟也终于回来了。我疑惑：她果然只玩了一把？这么快回来了？

“怎样，赢了吗？”

“没有，回本而已。”

“没输就行。”

“开始赢了点，后来一盘都输了。”

“没事，下次赢回来。”

“算了，反正就是想试试运气，赌一把的感觉很不错。”

“你们之后怎样？”

“没怎样，跟一堆人聊天，然后回来了。”

“你和本杰明有留下联系方式吗？”

“留了个邮箱。”

“只留邮箱？”

“嗯，该遇见总会遇见的。”

旅行，会认识很多很多的人，然后又说再见。这很普通，生活中，每天有多少人擦肩而过，真正围绕在自己身边的、持久的，是那些有缘人，无论去到哪里，缘分都会跟在哪里，或许不一定要见面，但是会存在记忆里。

旅行就是要开心，和世界交流，在生活中，我们不敢做的，可以在旅行中实现，可以在和陌生人的交流中锻炼胆子。在交谈中，了解世界发生了什么，你可以跟这个世界聊聊天，进行多元文化的交流。

Cambodian

柬埔寨的夜晚，每一天，每一个地方，
都有不同的性格和情绪

暹粒的日落和别样的夜景

昨天坐 tutu 逛，今早我们决定走路去巴士站。临走之前，让我们再回顾和留恋一下柬埔寨的经典形象，我们又走路逛了一圈，走了差不多 50 分钟才走到车站，还是有点远的。但是有时候就是想去尝试各种的不同，不想那么快就让自己陷入安逸和平淡的状况里，总想找点刺激，才是旅行中不可少的意义。

其实，路没有想象的远，只要你把步子加快点，抢在时间的前面。走路，是健康人生的一部分，每天坐久了，恨不得靠旅行徒步暴走来锻炼身体。旅行，才能活得健康。

下午三点多到了暹粒，车站距离市内有几公里路，炎热的天气只好上了电摩托车，让司机给我们推荐旅馆。第一次为旅馆这么疯狂讲价，老板真的是一点也不肯减少，我不知道他是哪里来的信心，认定我们会住在这里，无论我怎么说，就是不肯便宜，即使我拿出了看家的砍价本领，还是不行。

就住这里吧，我们还要赶路。

我并不是屈服于你们，只是时间就是金钱，不能浪费时间，要赶紧去吴哥窟，我的吴哥窟，我已经迫不及待要去见你了。

旅途中，旅馆的选择和入住，可以说是关键的一环，完全影响心情和整个旅途的过程。选择一家亲切方便又便宜的旅馆，常常是一个大问题，虽然说来东南亚完全不用提前订酒店，因为这里有很多便宜旅馆，可是要找到好旅馆，还是需要花时间和精力的。当然，如果在东南亚能有大把可以挥霍的时间，则可以完全不用顾虑这个问题，可以常换地方，也可以把某旅馆直接当家，长住。

说了这么多东南亚的好，要说说不好的了。这里的当地人很多都很淳朴，可是一旦和“旅游”这个带点商业性的词联系到一起，一旦涉及做生意和赚钱，一些东南亚人就会成了商人了。我们这些旅客，成了他们收入的来源，我们说想去看日落，带我们来旅馆的 tutu 司机居然又跟我们要钱，而且还不少，可是看着时间过去，再不走真的来不及了，娟娟连忙提醒我，让我们马上出发，否则错过了日落更亏大了。

于是马上坐车去买吴哥窟三日的联票和看巴肯山日落。巴肯山，占据一个绝妙的地理位置，看日落还要爬一段小路上山，山是土坡来的，走起来不会特别累。

我们由于去晚了，没有上到最高的寺庙上，因为五点半就不让上。还好，不一定要到庙里，沿途有几个地方都是看日落的好地方，有个观景台不错，我们找了一个高处拍日落。

柬埔寨的夜晚，每一天，每一个地方，都有不同的性格和情绪，暹粒有一座桥，旁边有夜市，桥上灯光闪闪，很喜欢闪闪亮的夜晚，倒映在河里面的闪闪灯光。夜市里有很多东南亚特色的衣服和食品等，适合过来扫货的，不过在东南亚，几乎食品与衣服之类的都要注意讲价，这反倒成了在东南亚购物的一种乐趣。至于各种吃的，大可以放开肚子去吃。

在这里，走到哪里吃到哪里，既省钱，又可以更多感受当地特色。我们两个真的很享受这种四处逛的感觉，可是逛归逛，今晚还是有任务的，就是找人一起包车逛吴哥窟，两个人太贵，还是坚持穷游本质和群游的精神，于是决定努力找人一起拼车。

我们问了一些旅行社，看有没有可以拼包车的，可是别人都是一群群的，即使有单个的，也不愿意和别人一起拼，因为大家的行程不同路线也不同，要一致实在有难度。

我们在一家小旅店听到说中文的就过去搭讪。

“你好，请问你们是不是也想包车玩吴哥窟呢？”我走过去问了问正在向工作人员咨询的中国男子。

男子看了我一眼，又再用心打量了我一下，思索了一会儿，半天才挤出了几个字：

“我们路线可能不同吧。”

“你们路线是怎样的呢？”

“我们是一群人。”说着他看了看周围的几个中国人。

“我们这里两个人，你们包车还缺人吗？”

男子又继续打量我，他的眼光让我觉得很不舒服。

“我们不走吴哥窟，我们去洞里萨湖。”

“哦，那我们再找找别人吧。”

我和娟娟就默默地离开旅舍，不是因为没有找到人而难过，而是一堆的中国人，没有一个人肯用稍微热情点的语气说话，不过没关系，我从不因为这样责怪别人，每个人都有自己的理由。每个人都是不同的，只是，和自己不一样而已。

我们刚走出了这家旅舍，就发现了有两个中国女生，她们正好拦了一辆 tutu 车，貌似在商议行程和价格。

我一看，正好两个女生，也好说话，说不定正好可以一起包车。她们在跟司机交谈着，我先在旁边看看她们，让她们注意到我们，知道我们有听她们说话，等她们停止交谈了，我再插话，这样不会太突然。

“你好，我们也是中国人，你们是准备包车吗？”

我真的没想到，两个女生，正眼都不看我们，继续跟司机说话。

她们明明讲中文，明明也是包车，可是为何完全当我们透明?

我被打击了，不死心地观望着，继续说："我们两个女生，想包车去吴哥窟。"

两个女生，没有透露出一丝一毫的亲切，就连嘴角那零点零一毫米的微笑都没有，反而严肃地看着我们，然后继续跟司机说话，好像我们是坏人一样，好像我们是两个外星球的怪物一样。

心，是彻底凉了，大家都是中国人。至少，拒绝的话也说一句嘛，可以吗?

我和娟娟都呆了，呆得没有马上走，两个女生的态度没有丝毫转变。

她们两个又瞟了我们一眼，然后本来是用普通话交流的她们，开始用粤话交流。

晕死，以为我们不会听粤话，我们俩都会说粤语的。

我和娟娟互相对望了一眼，娟娟的表情也显得不屑和失望，僵硬。

我们不敢说当自己遇到这种情况会有多么热情，但是，我们是会有沟通，会去尊重和体谅别人的。

"有没有搞错啊，怎么这样子的?"娟娟对我说。

"怎么世界上还有这种人?"

"理都不理我们，还怕我们听懂她们说话，什么意思啊?"

“走吧，神经病的。”我马上拉着娟娟走人。

直到我们走开，两个女生还是没给我们一个正面的回应，继续逃避着，继续勉强着跟司机说话。

我想尽办法地穷游和省钱，连这种别人眼里看上去不太贵的包车费用都要这样去省，可是，我并不觉得这样是一种丢脸的行为，既然选择了坚持，就要一直到底。穷游其实并不只是省钱，我们想体验多方面的爱和生活，希望可以认识更多的背包客。

旅行，常常也会感受到人情冷暖。特别是在东南亚，大家都集体意识很强，感觉这里很难一起上路，可能是由于中国人多，大家都互相不在乎。这种感觉，突然让心很凉。

经过刚刚两个案例，我可以说彻底放弃找人了，如果是我，我一定很高兴认识新朋友，如果有中国人跟我说话，首先我会笑着回应，无论是能不能同行，能不能成为朋友，刚开始，我都不会是一副拒人千里之外的感觉，我希望和别人交流，希望和别人一起互相帮助对方。旅行中，如果只是自己和朋友两个人的旅程，而无视他人的存在，那该是多么“高贵”的旅途，我们应该把自己放在地球最底下，和所有的人交朋友，用微笑面对所有的人。我一直觉得旅行可以认识很多新的朋友，说不定自己的一个转身，一句温暖的话语，就可以得到一个朋友，尽管有的是过客，但是很多时候，人与人的相遇，都是缘分的注定。

我总有一种感觉，朋友跟我一起总会吃很多苦，我行程多而且赶，每天要走很多路，还要为了各种旅费费神和讲价。跟着我，不能吃大餐，不能全程包车，也住不了豪华的酒店，每天都早出晚归的，也没有好好地休息。

没有找到人包车，注定我要骑单车，因为租单车的费用比包车便宜很多，而且自从上次骑完单车之后，我这次还想再挑战一下。尽管旅途总是充满很多意外和不顺，可是娟娟跟我一起一直也没有抱怨，跟着我四处奔走，一直也很支持我，她跟我不一样，她有稳定的工作，工作了一年，其实并不是很在意几美金，十几美金，只是跟我一起，什么事情都顺着我。我很想真正带着我的朋友，跟着我感受无忧的旅程，即使是穷游，也不想委屈了朋友。

环球旅行才刚开始，以后的路还很长，每个阶段和时期都有不同的旅行方式。这一次，就让我们背包客到底吧！我，难道是想挑战用最少钱玩最多的东南亚？其实也不是，东南亚是美食王国，我是那种省下车费要花在吃上的人，也是那种对一些景点很坚持的人。但是想想看，有些人，很有钱，依然住青旅；有些人没什么钱，却想着给自己一个奢华的旅行，把旅费多半都花在高级的酒店和餐厅上。无论是哪种方式，每个人旅行都会有自己的目的和初衷，只要自己开心，自己觉得有意义、值得的，就没有必要考虑太多，很多东西，跟钱无关，与人性有关。

不知道为什么，看着巴戎寺佛像的笑脸，
我觉得豁然开朗。

吴哥窟大小圈单车环游，浓浓姐妹情

我这辈子也没有想过会骑单车玩吴哥窟，不知道是谁提出这么一个荒唐的想法，对于路线、地图、距离等完全一无所知的我们，居然在找不到人包车的情况下，选择了骑单车。我不知道要骑多久，但觉得不会很远，路途仅仅只是个数字，只是个数字而已，什么大小圈，什么旅游地图。当你真正沉浸其中，当你真正出发，那些都会随风而散，不用一步步计划好先去哪个寺庙再去哪个寺庙，能骑多远，就骑多远走更远。

早上七点，又要搭上娟娟去疯闯吴哥窟了。第一个景点是小吴哥窟，感觉很近，可是还是骑了 40 多分钟才到。这里设计很巧妙，寺庙倒映在湖水上，被绿树环绕，完美结合了宫廷王宫的设计，一切都很对称，这些用石头建筑的宇宙模型，似乎有着巨大的威力。到寺庙要经过一个大桥，从桥上走过，可以感受一下当时王室的气势。

吴哥窟是雄伟震撼的，不是因为它保存完整、金碧辉煌，都不是，而是墙上那一个个小的雕刻，以及和周围景色完美搭配、气势宏大，除了神奇的外形，最重要的是那些值得研究的石头，转头和每一处历史沉淀。古老的印记，生动唯美，栩栩如生。艺术家的手法，巧夺天工。

骑行来到巴戎寺，吴哥窟的微笑给我力量继续前进。不知道为什么，看着巴戎寺佛像的笑脸，我觉得豁然开朗。多么温暖的笑容，任凭岁月流逝，一直坚持着微笑，无论这个世界怎么变，他始终微笑迎接着所有的人，带给人们欣慰。

我把单车停在巴戎寺，开始逛这一大片迷宫一样的景点，巴戎寺旁边，还有一些建筑群，根据样子判断，猜想这就是战象台阶和癞王台阶，因为有很明显的大象的雕刻。

这大片大片的寺庙还是很有看点的，站在中央，自己会被一大堆寺庙包围，台阶、大门、尖塔，可以待一会儿，想象一下当时所发生的历史故事，曾经在这里上演的盛大的古装大戏。

很多寺庙的样子都差不多，有的损坏了很多，但是每个寺庙都有自己的特色和出彩的地方，虽然颜色差不多，可是每个雕刻都不一样，处处有玄机，是需要仔细去观察的。看外表差不多，不过要爬上每个寺庙，钻研每个寺庙，还真是一件有趣的事情。这里没有

坐在 tutu 车上吹着风、感受柬埔寨的小街道、小氛围。

金边夜市搜刮美食，在东南亚，就应该天天吃路边摊，混夜市。

1. 高布斯滨——喜欢发现这样神圣的秘境，沐浴山里的灵气。
2. 高布斯滨山路——爬高布斯滨，每到一个国家，都想征服一座山，特别是满布着热带丛林气息的。
3. 死而复活般的崩密列，新生的绿色，滋润支离破碎的历史。
4. 神牛寺，发现了时间的颜色和经过的意义。

1
2 3
4

1
2

1. 那一眼，红遍了我的心，巴肯山的日落，美妙迷人
2. 普西山的日落，美丽得令人晕眩。

细细品味着雕刻的艺术，历史的图案。吴哥窟的每一个雕刻，都神圣、美丽、令人感动，不管完整与否。

1 2

1. 吴哥窟的斗象台，霸气地存在着，守护着吴哥窟。
2. 吴哥窟是优雅的，它是优雅的化身，更是想象的艺术。

1. 在罗洛寺群对话来世今生，你的微笑传达信仰。
2. 天人合一，紧密相连，彼此依靠，塔布隆和它的树。

1
2

1 4
2 5
3

1. 在船上看到的四千美岛风景——四千美岛，你的韵味、色彩、姿态，是无穷无尽的美好和爱。
2. 四千美岛的不凡生活——躺在吊床上，看日出日落、看河流、看树木、看星星。
3. 四千美岛，温顺的世界，纯美的人间乡土小路和小木屋。
4. 背包客们坐船去四千美岛，逃离喧闹世俗的新开始。
5. 四千美岛，日出了，世界再也不黑暗，旅行再也不孤单了。

艳丽的颜色，一切都很朴实、古老、怀旧，需要我们去静静品味，从某个不起眼的地方豁然开朗，心领神会，看懂它的奥妙，它的颜色、它的构图、它的层次，都有巨大的秘密。

十二塔，这是最清净的地方，大大的草原，具有风情的建筑，会第一时间吸引你的目光，当所有的寺庙都是连在一起的时候，这十二座寺庙，按照一定的距离分别坐落在绿地上，与另一边的风景就形成鲜明的对比。

塔布隆寺，是吴哥寺庙群的一大亮点，特色不在于寺庙的雕刻和形状，而在于这个深埋在大树里的奇妙记忆。这个沉睡在阳光和绿树里的灵魂使者，处处有它的气息，可是你不知道它究竟在哪。

我们整个过程也不是粗略的赶时间；累了，我们就在景点里吃吃水果，继续逛，景点里有很多菠萝和椰子，及时给我补充能量。寺庙的台阶也成为我们休息的地方，这些寺庙的形状和造型吸引着我们，我们坚持爬到了寺庙的顶端，无论台阶有多高。

在“大小圈”分岔口有一个指示牌，左边好像是小圈，前方是大圈，我本能的反应便是看大圈的公里数，再看看时间，我觉得都到这里了，要不试试走走大圈，说不定可以，什么经典路线的，都一边去吧，我先看完小圈，再闯大圈，正好去比粒寺看日落，我们把小圈的景点看完后，再看皇家浴池，之后继续骑大圈。

此时我全程路线已经出炉：

吴哥寺→通王城（巴戎寺、巴方寺、空中宫殿、战象台阶、癞王台阶）十二塔→胜利门→周萨神庙→茶胶寺→塔布隆寺→斑黛喀蒂→皇家浴池→比粒寺→东梅奔→塔逊→龙蟠水池→圣剑寺。

骑到比粒寺的时候，我问了一下旁边的工作人员，才知道我已经到了大圈，他把地图给我看，说前方是大圈。他一听说我要从这里绕大圈骑回去，劝我不要骑，他说还有很远，并对照着地图跟我说前面的景点，虽然每个只相隔3公里，不过要骑回去巴戎寺还有好远。没有回头路了，我想试一下看我究竟能不能完成这个不可能的任务，一天完成“大小圈”。前方的遥远并没有打击我，反而增强了我的斗志。不过在赶路的情况下，我们还是要仔细参观景点的。

这里也是看日落日出的好地方，穿过经典的小门，一个高高的楼梯和高高在上的寺庙完全震慑了我们，我感觉这寺庙已经快到天上了。不过依然还有人上去，我们又怎么不爬上去呢？这楼梯不仅高而且很陡，每一步都要很小心。

这一片开始是一大片稻田，好像穿过去就是民居，可以看到很多动物，可以看到人们栽培稻田的情景。这情景，包车和走路，是不可体会的，有一种美妙的感觉渗透全身，一连看了这么多寺庙，突然出现了这么自然和真实的场景，让我觉得我不只是在看寺庙，我是真正来过吴哥窟。

往前骑，这段路几乎没有几辆车，整条路感觉都是我们的了。两旁的景色更加充满田园或丛林风情，笔直的大道没有边际，我奋力地骑车，最盼望的就是看见路边的公里牌，上面写着距离前一个景点的距离，这也是我喜欢“大圈”的原因，让我知道有多远，“小圈”则没有，都不知道自己到了哪里，但是这些公里数有时候也跟自己的感觉不一样。

费尽力气，终于骑到了龙蟠水池，这是今天我最喜欢的寺庙，有青绿的湖水，有艺术形态似的生长着的各种树枝，还有小木桥。沿着小木桥，就能看到小巧寺庙了。跟上午景点里人山人海的状况不同，这里几乎都没人，好像是个秘密通道一样，我们好像有误入了密室一样的感觉。因为从这里出来后，我们发现路真的很难找，有几条路，都不知道走哪一条，尽管路上都有标志，会有距离下一个寺庙的公里数，但是有时候这些标识也会误导人。

我们的最后一个寺庙是圣剑寺，天感觉快黑了，阳光都下去了，寺庙也关门了，我们只好在门外看了几眼。完了，天快黑了，我们离北门还有好远的样子，我要奋力向前冲啊。

我们进了北门的时候，天完全黑了，吴哥窟的日落速度不是一般的快，而是超快，一转眼的工夫，吴哥城就完全暗了下来。北门，像个怪物一样，我们像进了一个恐怖的异度空间，不是穿过了时光隧道，而是完全沉浸在了一片黑暗的古老世界里。隐隐约约地可以看见吴哥的微笑，朦胧之中还可以感受到吴哥的传奇，寂静之中可以闻到古老的气息，听到历史的脚步。

人生，能有几次这样的经历？人生，能有几次这样的迷失和奋力一搏？而且，还是在这个神奇的古老寺庙里，更加让自己完全投入到它的怀抱中，从白天到黑夜，完完整整地看到了它神奇的一天，当晚上没有任何游客的时候，原来吴哥窟是这个样子的。

在黑暗里前进，我目睹了夜晚的吴哥窟，实在是震撼，我看见了挂在吴哥城上的月亮。我在黑暗中摸索前进，还走错了路，骑着骑着，我真的觉得自己在疯狂冒险，我疯狂地挑战自己。由于在中午，我的眼睛大量入灰，之后的行程一直忍痛骑车，因为我戴的隐形眼镜导致眼睛发炎了，有一段时间眼睛疼得很厉害，脚也痛，但是已失去知觉，眼睛才是刻骨的痛。不过最郁闷的，还是感觉自己被晒伤了。

我真不敢相信自己这么强大，化着妆，穿着淑女的衣服，骑了这么久。

朋友在后面问我，问我会不会死，她说太佩服我了，我怎么可以那么强。 其实，我实在是没有力气了，但是也还要坚强地说我没事，我没事，我可以，我们一定可以走出去。

我们要从南门出去，即今天进来的门，从原路返回。可是我们不确定这个是不是南门，因为四个门都一样，巴戎寺的正反面我们也看不见了，刚才看见有几个老外走这边，我们就跟了过来。

娟娟实在心疼我，她说她第一次经历这种事情，很害怕，说坐个tutu回去，她害怕我骑不动了。是的，我真的要耗尽体力了，可是我只要还有最后一口气，我就能够骑回去。朋友一路都非常支持我，周围没有人，她就努力想找人问路，好几次都勇敢去问人，甚至还找了tutu车。5美金，可能很多人就坐这个回去了，何必自虐，何必那么累，何必那么折磨自己。首先，我不想放弃我的旅程；其次，我要和我的朋友一起共进退，不想她出钱让我们坐车，既然答应了朋友，我就一定会做到，这才是我。

眼睁睁看着tutu车走掉了，毫不犹豫地坐上了单车。走吧，我们骑回去吧，我可以。还有十几公里。这个时候我真的是又饿、又累，觉得腿要断了，但是只要坚持一下，就可以再走一点，一点一点，慢慢走，不放弃，积累下来，就可以到终点。

这一段黑漆漆的路上，娟娟一直用手机给我照亮，而我，其实是靠着过路车辆的微弱灯光，还有心中不灭的灯光，走过了很多黑暗的地方。渐渐学会了不用眼睛去看黑暗，而是用意志。这个时候我们还怀疑是不是这段路，因为走了好远的黑暗，直到我们路过巴肯山，才确定对了方向。只要我坚持骑下去，我们就能顺利回去了。

只要我的脚不停，还有一口气，我就能憋着回去。

终于，我们看到了小吴哥窟，问了路之后，朝着城中心的方向骑过去，路上开始有点亮了，我们胜利了，虽然没有到终点，虽然我已经真的踩不动了，可是看着这一点亮，我就能恢复过来，我的心里已经完全战胜了自己，战胜了疼痛和饥饿。

双脚完全麻木了，明明没有任何力气，却还可以往前踩着，似乎创造了奇迹。比起那些每天骑行川藏线的骑士们来说，这根本不算什么，这次就算是骑行川藏线的练笔，我终于明白了为什么这么多人踏上了骑行的道路。

或许是在黑夜里，感觉路特别的远，比来的时候远多了，而且我们走的不是来的路，这条路对于我是陌生的。我只知道一直往前走，沿路也看到一些老外，可他们都是一人一辆车，轻松很多，而我后面还坐着人。可是如果没有这段旅程，我又少了一次探险的经历，今天的参观就会跟任何人一样，看完景点，拍完照走人，但是正是由于有了这样惊心动魄的挑战，我挑战了自己的极限。

今天，我又创造了自己旅行过程的新纪录，连我自己都觉得自己强大，吴哥窟小圈 17 公里，大圈 26 公里，原本计划分两天走的，可是谁知道，一骑、一转弯，就把“大小圈”一天骑完了，原本两天的行程一天就拿下了。当时在“大小圈”分岔的路口，看着那几个寺庙的名字就想奔过去了，一看还有时间，就想继续去闯，想赶到比粒寺看日落。谁知道这一骑就没有回头路了，大圈比想象中远很多，这是一条不归路，但明知道前路未知，充满冒险，我还是一直想向前。

没有什么是不可能的，即使天已经全黑，周围没有路灯，也坚决要坚持到最后一刻，冲出去，找到回去的路。这就是旅行，需要去磨炼自己和历险，而不是享受在美妙的风景和舒适的环境里。

骑单车的好处是，随时可以停车，自由自在，完全自己掌握节奏，在全部都是 tutu 车的路上，会觉得自己很特别。而且，我是唯一一个全程载人骑车的，我不知道自己能否完成挑战，我只想去尝试，我要知道到底自己能走多远，我要拼尽我的全力去写自己的故事。骑车的过程虽然辛苦，但是很好地体会了旅行与挑战，冒险与冲劲，坚持与勇气，毅力与决心。脸上的汗水没有干过。与时间赛跑，与自己赛跑，接受无穷无尽的挑战。

回到市中心，我们两个马上去找吃的，看到一大堆背包客香喷喷地吃着各种炒菜，突然真的觉得重生了，一个个大排档，简直就是幸福的天堂，价格都很便宜，一杯奶昔、一个炒菜、一个饭，这里是灯光照亮的世界、丰衣足食的世界。热情美满的吴哥窟，幸福得想哭，好想大声宣布，我好幸福，我好开心，我好棒。

没有一个人会在这里孤单，大家都是一家人，所有事情都会顺利解决，人生是光明的，像这里所有的餐厅、大排档里透露的灯光一样。

恢复元气之后，又要为明天的战斗开始储备精力了，由于原本打算两天的行程一天就搞定，接下来我们可以去吴哥窟之外的几个寺庙和景点了，由于景点很分散而且比较远，我们决定包车。

也是一家家地问，寻找合适的价格和优质的服务，可惜由于两个人包车，真心不便宜，而且无论怎么讲价，就是不肯便宜。东南亚的人们虽然都很淳朴，但价格难商量，没办法，这边旅游实在很火，而且他们已经摸透了游客的心理，知道如何获取利润。他们是宁愿不做生意，也不会便宜，而且知道你一定会包车。

价格无法便宜，我只能跟他说希望找个会英语的导游。而且明天早上要先带我们去看日出，要知道我们今天省钱骑了单车，这个价格是要感觉破天荒了。不过没有办法，我们俩只能包车，天下的事情没有完美的，吃亏乃是人生的必然。有的时候，对于钱的态度必须豁达一点，虽然我们是穷游。穷游，是能省则省，可是也要对钱不在乎。钱只是一个数字，以后可以赚回来，有时候就是要豁然和豪爽。

“唉，算了，还是去吧。”讲价失败的情况下我说。

“嗯，算了，那点钱不计较了，花了就花了。”

心疼之余，还是给了钱。青春，最不想谈的就是钱。“钱”这个字究竟阻碍了多少生活？为了去旅行，我们要赚多少，要如何省吃俭用，是怎样的各种存钱？但是，没钱也要去旅行，现在的所有花费都是值得的。没有人会知道下一秒发生什么，今天，才是最重要的。

我们不仅仅看日出，还为了艺术，
为了拍到那无与伦比震撼的瞬间。

不离不弃，包车看完其余所有寺庙

今天我们凌晨四点不到就起床，四点钟就出发了，旅途啊旅途，要走过多少的黑夜，走过多少的寒冷啊。

勤奋的人们，不止我俩。一出到旅馆门口，就看到tutu司机了，是个年轻小伙，看上去很老实。他见了我们，非常腼腆，也没有太多话语，或许他是想先保持神秘感，也或许是不想打扰我们。不过，经过一番交流，我发现他只会基本的简单英语，感觉又被忽悠了，昨晚订车的时候，明明告诉我们司机是讲英语的，现在这可怎么办？他不会英语交流困难啊！要知道我们给他钱，请他就是想着他是英语导游啊，现在派给我们一个仅仅是开车的司机，这和导游是有天大的区别啊！

但是看着这么老实腼腆的小伙子，心中又无法发怒，不求讲解了，只求他按照行程走，别又忽悠我们了。

为了完成任务，还为了不让人生留遗憾，吴哥窟的日出，这种时刻不能错过。于是在冰冷的夜晚里，我们两个再次跑到了大吴哥。很好，漆黑的夜晚，漆黑的早上，都去了吴哥窟，从看着它变黑，到这次看着它变亮，没有遗憾了。

坐在车上，冷风席卷，很刺激。这次来东南亚究竟吹了多少次冷风？人生能又多一次这样的经历，真的很爽。难得青春可以如此放肆一回，坐在车上，我真的觉得人生就是在于尝试，尝试过了，无怨无悔。

去到大吴哥，早就有人在等候了，虽然一片漆黑，但还是看见了很多的身影，他们很聪明，带上了手电筒，因为吴哥窟确实没有路灯。

大吴哥这么大，究竟在哪里看日出呢?

我们看到很多人在湖边占好了位置，也有人坐在各个寺庙上，有人还坐在湖边的毯子上，那是附近商铺的人们的，只要买他们的喝的，就能坐在上面。其实不必刻意强求位子，别人觉得好的角度，不一定你觉得好。拍完倒影，然后回到门口拍太阳，是最好的。

是的，在湖边早早守候的人们不是为了拍太阳，而是拍这个倒影，它的变化，还有周围天空的红色。我们不仅仅是看日出，还是为了艺术，为了拍到那无与伦比震撼的瞬间，观察那色彩和氛围的变化。旅行中，可以做的事情实在是太多了。

看着太阳光一点一点地亮，看着相机里光影的变化，一切都很值得。有色彩的旅行，是最好的旅行。看着吴哥窟从漆黑变亮，这个过程，是最不可言喻的神奇，只有看到它变亮的那一刻，才感觉自己真正体验到了吴哥窟的美和魅力，那是一种破黑而出的新生，超越宇宙黑暗的光明。

这个早上，就像过了一个神圣的节日一样，大家都凑在吴哥窟前拍照。过了这个节日，最好的事情，就是回旅馆睡个美觉了，一定是美美的一觉，然后到中午，去市场逛逛，或者再去吴哥窟逛逛，或者包车到郊外去逛逛，这又将是无比充实和幸福的一天。我也好想回去睡觉，可惜，我们今天还有一整天的包车之旅，现在必须直接奔向景点，没有回去休息的机会。这一整天，又会是怎样的筋疲力尽？真的是从大清早到晚上，时间上没有任何缝隙，这些寺庙都要把自己的眼睛看花了。

坐 tutu，风把我们的发型完全吹变形了，司机开得飞快，简直太刺激了，但是我们两个都困得不行了，困到无论车怎么飞，我们都能睡着。在车上，我们可谓睡得一塌糊涂，千变万化的睡姿，随时都感觉要栽下去，我和娟娟，也不知道是谁拉着谁，反正感觉对方要掉下去时就拽住对方，灰尘很大、风很大的情况下，也无法赶走睡神，那睡得叫一个舒服。没想到这么危险的 tutu 车，我们都能睡这么香，而且因为路途远，司机开得超级快，他不时回头看看我们，看我们有没有掉下去，看我们七倒八歪的样子，看我们为了追逐风景，既不愿意错过美景又睡得昏天暗地的样子。

第一个点是女王宫，马上就让人眼前一亮，喜欢它特别的颜色和精致的雕刻，实在很有女性的美感。跟吴哥建筑风格不同，它是绿色的，而且充满宫殿的美感，小巧玲珑、精致剔透、富丽堂皇，像一颗珍珠，像一颗钻石。看它第一眼，我就知道没有来错，好像花再多也值得。

继续困得要死地去下一站，越是在狂风中、烈日中，我们俩睡得越熟；越是危险的地方，它越安全，睡着醒着，不忘看风景，不忘把对方扶好，确保不会从车上掉下去。这里的阳光，好适合睡觉，有些人来东南亚疗伤、休养，就是因为在这里每天不会失眠，可以睡舒服的觉吧。睡睡醒醒，看看风景，沉思反省，一路上，感觉经历了天荒地老。

还好刚才睡了一会儿觉，补充了睡眠。去高布斯滨，是高难度爬山加爬石头，路要自己找，还容易迷路，我们两个又被困在高山和森林里了，我们的司机，没有带我们上去，全靠我们自己找路。

我们两个觉得很恐怖，不知是否到了哪个失魂的荒山野岭，不过越走就越心里有谱了，不得不佩服当时人们的智慧。在森林里，可以一边参观神奇的古树和它们任意延伸的树干。走过一大片无人的地方，就靠着寻找标志找路，还好后来快到终点的时候，遇到几个日本女生和她们的导游，我们也就觉得没那么慌了，跟着他们。终于看到了，水里的雕刻，还有小瀑布，顺着陡峭的小路徒步，攀爬巨石，有一种徒步的感觉，超级爽。

看了这么多寺庙，这个地方可以很好地调节一下，今天，又是一次强度很大的运动，很好，每天运动，不要停下来，然后好好休息，好好坐车，好好品美食、看美景，互相配合和调节。虽然爬石头很累，而且很陡，不过整个森林的风景真的幽深原始，没有任何人工的痕迹。来这里有一种情怀，有一种对美的追求，这里是吴哥窟文化不可分割的一部分，要了解更多柬埔寨的特色和文化，就要来这里攀爬一把。

我们的司机，一路上也不怎么讲话，只是不时回头对着我们腼腆一笑，没想到，在路上，他还请我们吃了当地的甜玉米，真的好好吃。就几个小玉米，我们就满足了，这都一两点了，我们还没有吃午饭，身上没有任何干粮，小司机，虽然沉默，但是也很体贴细心，这几个小玉米，让我们觉得好感动，觉得它胜过钱，可能我们包车贵了，但是吃到了好吃的玉米，也行，这不是用钱可以衡量的。到了超级远的崩密列，完全超乎想象的荒芜，全是乱石堆，可是看到某个布满落叶和被张牙舞爪的枝干缠绕的角落，又觉得无比美丽，发自内心感叹它的美丽，伤感的美，脆弱的美，遗失的美，沧桑的美。越看心里越有感觉，仿佛穿越时空一样，又好像看到了前世今生，这荒废的庭院，实在太安静了，完全远离了整个现实世界，早已不是人间。树根像假的一样，却又告诉我们什么是坚强，什么是生命力。崩密列是一座印度教寺庙，但是它有一些雕塑反映的却是佛教的主题。建造这座寺庙最初所使用的材料是砂岩，所以很多建筑都已经损毁，而且很难再被复原。

当跟随着当地导游爬窗户、走屋脊、穿房屋的时候，你会发现永远有惊喜在前面，而且也永远不知道前方等待你的是怎样令人惊喜的景色。如果你热爱探险，那么崩密列绝不能错过。这里的惊喜在于爬、穿、跳、越！

不过，看到最后真的审美疲劳了。但是，事情总要有始有终，不离不弃，需要深刻，最后我们将要回到最初的吴哥寺庙，了解一下最早的吴哥寺庙。没错，这里的景点，依然是寺庙、寺庙、寺庙，最后还是寺庙，但是你会继续想看，会继续想了解这一类型的所有寺庙，不仅仅是视觉上的，更多的还是一种升华，一种总结和沉淀。

随后是罗洛寺群，也有好几个寺庙，包括罗洛寺、巴公寺、神牛寺。虽然破败了点，却更加古老，不同于吴哥窟里的寺庙，这里的材质不同，意义不同，也很值得一看。全面了解吴哥窟，就必须坚持到底，把这附近的一些寺庙都看个遍。

回去的时候，司机还特意带我们到城外兜风，顺便兜了一圈到集市上去，让我们看看当地的路边集市，还特意带我们看日落，让我们发疯地拍日落，生怕我们拍不到。而且他的车上还提供免费的水和湿巾，我还能再要求什么呢？虽然司机不会英语，虽然不能告诉我们相关的历史，但是他已经尽力去让我们有一个完美的旅程了，他能合理安排时间，还能给额外的惊喜。在东南亚，英语讲得好的导游几乎都跟了旅游团吧，像我们这种散客，遇到这样的司机，已经不错了，学会满足，学会感恩，别要求太多。

Laos

老挝

Chapter 03
老挝，拯救一个人野的青春

Laos

成长和青春有时候是心酸的，很多东西，你越想得到就越得不到，还不如死心眼地做一个呆好人。

世界上最美的地方——四千美岛

娟娟不能和我一起去老挝了，因为她剩下的时间要回家陪她妈妈，这是之前就决定好了的，决定要让我一个人去野个够，壮游个彻底，随心所欲地冒险，不用考虑伙伴的安危，也不用考虑任何限制我旅行的任何因素。

自从这趟旅程以来，每天都几乎六点以前起床，真的每天比上班还积极，起得早，今天又是五点半起床，东南亚之旅，总是这么爱上黑夜，爱上黑夜之后的盛烈阳光。黑夜里，都是浓烈的背包旅行的感动。

老挝之旅，从一个人在凌晨五点开始，黑夜里等车去老挝的我没有一点害怕，只希望快点带我去东德岛，然后开始无止无尽的奇遇。一个人，拖着行李在黑夜中，等待 tutu 车带我去汽车站，等了好久，车都没来，急死人了啊，会不会把我漏掉了，会不会找不到地方？千万不要出问题啊，希望只是迟到而已。一个人之旅，怎么一开始就不顺？东南亚，就是要忘记时间，相信奇迹。

用力享受柬埔寨最后黑夜里的余味，让心平静下来，自信勇敢，大概等了半个小时，送我去车站的车终于来了，里面居然还有两个金发美女和一个像华人的女生。她们估计也是背包客，这下有伴了，我们的命运被紧紧联系在一起了。

我们被送到车站，奇怪的是，车还没有来，而且又是继续等待，这样等下去，今天能到四千美岛吗？即便到了，关口估计也下班了。怎么就这么喜欢折腾我呢，今晚会是什么状况？

要习惯了，东南亚有一种特别的慢节奏，车子完全晚点，六点半才出发，而且中午还换车，换车途中，又等了一个多小时。原来还以为可以直接到东德岛的，可是下午才抵达上丁，关口下班了，而即使过了关，也大晚上的，没有车和船去四千美岛了。尽管中途要换车无数次，但是老挝还是厉害的，这么多次的换车，都能开出一条从暹粒到四千美岛的路线。是的，东南亚几个国家的交通路线，比你想象的要神奇，可以说畅通无阻，很自由，无论怎么坐，怎么换车，总能让你到终点，不过恐怕会超时，让你痛快感受公车之旅，享受车窗外的美景。

两位金发美女，来自马耳他和英国，她们俩还要去泰国和澳大利亚，真的太棒了！我也想和她们一起去，我这个旅程如果继续走下去的话，要更加有趣，一无所有地去闯，毫无准备地去闯，更加刺激。让我莫名其妙地去更多的国家，不做任何攻略，说走就走，一直走下去。

我这一路上，遇见了无数的背包客，超乎想象的多，而且年轻的女生越来越多了，女生好强大！我发现出来自己游的女生大部分真的都很独立和懂事，我也要赶快成长起来，无论未来遇到什么挫折，我都要应对自如。

中午换车之后，车上就只有我们四个外国人和两个当地人，我们在后面睡疯了，开着窗户，让风狠狠地冲刷我们，让阳光狠狠照耀我们，风吹着头发，很有在路上的感觉。第一次坐这么宽松的当地车，我们几个人包了一辆大巴车，我坐在最后一排，感觉我们几个像直接在风中飞行一样，跟着风，飞过田野、飞过森林。我们几个的窗户开得是不是有点太大了，阳光洒满了巴士，英国和马耳他美女把头靠在窗边，风吹动她们的金色大卷发，阳光狠狠地暴晒着她们，她们是有多不怕晒，是有多不怕乱了发型，她们就是爱阳光，爱做风一样的女子。

可爱的巴士旅行，其实可以缓解每天暴走的疲劳，此时此刻的风景和我在北京挤公交车的情形成了鲜明对比，这车是多么的空旷，我在车上可以随便翻滚，可以酣畅地呼吸青草的味道。

东南亚，风光无限，不过也是受苦的经历，对背包客来说是苦中作乐，这种情况，在路上，在巴士上的青春故事中，看着时间的转动和风景的变化，行走是有意义的。

这种巴士坐到了一起，不聊天才怪，如果是一男一女，绝对会有艳遇，多么新鲜的爱情剧情。新加坡女生开始和我用中文交谈了，之前她虽然看我是亚洲面孔，但是一直跟我讲英语，而且我可以感受到中国面孔还是有点无力的，有时候欧美和一些发达国家会觉得自身有优势，不过只要相处下去，一切都会改变，这位新加坡女生，刚开始时正眼都不会看我一眼，我们等车的时候也没跟我说话。

从柬埔寨过老挝，一路的风光十分美，让你看了想掉眼泪，不自觉地被感动，沿着湄公河狭窄的小路，两旁是高脚的茅草屋、木屋，被一大片绿色包围，田园和湖泊、树木是最美的点缀。这段路，一辈子难忘，完全梦幻的世界，完全不现实。田园风光和乡村色彩，原始而又荒芜，荒芜而又纯净，纯净而又恬淡。平淡的风景，让我找回了纯真的自己、淳朴的社会和世界。

这一路上的房子都带着点伤感，仿佛被人们遗忘的世界，房子是高脚的木屋，挺简陋的，在柬埔寨郊区也见到很多，不过这些房子群在一起可能就是一个小小的村庄或小小的县城，隔离于现代社会，但是也悠然自乐，在平静中战胜黑暗。这个世界上，比你住得差的人多的是，可是他们依然会有自己的幸福，会开心地活着，每个人都有属于自己的一个小屋，无论简陋与否。一直很想来看看这种地方，这里跟别的大城市大有不同，这里，只有属于自己的归属。

本来说的是今天可以直接到四千美岛，可是事情往往出乎意料，终于被告知今晚要在边境小镇上丁（属柬埔寨，距老挝仅50公里）过一晚，而且住宿费自己出，司机帮忙找的民宿，5美金一晚，其实就是当地人家里的客房，房主有一个大家庭，略会一点英文，解救我们这些被困在边境的外国人。

我和新加坡女生一个房间，非常简单朴实的小房间，但是将会成为我们温暖的小窝，什么高级大酒店我一点也不稀罕，有蚊子陪伴的夜晚不孤单。我让她先选好床，让她先洗澡，反正我耐得住，什么条件在我眼里都一样，有个地方落脚就行。冷水在东南亚已用得习惯了，但是，即便是冷水也不能泼冷我们心中的热情。

“想不想吃点什么？我们出去逛逛吧。”等她洗好澡，我主动地说。

“好啊。”她笑了笑地说。

我们两个在黑夜里出发了，目标就是附近的市场，去考察美食，管他什么地方，总有些东西会不想错过，既然来了，就不要放过了。每个地方都有它可以欣赏的东西，这里附近基本没有什么可以逛的，唯一可看的就是晚上的一个小广场了，这小小的地方，一块草地，就是市中心了。

草地上坐着一些学生，还有零零散散散步的人，围绕在广场旁边的是一些流动的小摊，一个个都冒着热气，大家坐在小凳子上，都吃得好开心。

我们经过一个个小摊的时候，当地人都会对我们投来笑脸，看着他们认真地制作美食，会觉得我们今天就是来这里体验一把当地的民生烧烤的，这些烧烤，闻着就觉得很香，完全没有任何抵抗力，我们走了一圈，还不知道怎么选择。

“你想吃什么？”

“随便都可以。”

我先询问了一遍价格，然后选择比较合适的，没办法，穷游就是这样，要是有钱，我闭着眼睛随便抱一大堆，管他是什么。

但是，穷游的好处就是减肥，还有传承中华民族勤俭节约的好传统。

“没事，我给钱吧。”吃了几串烧烤之后，我说。

“不用，我来给吧。”新加坡女生说。

可是我已经先把钱递过去了，大家都是穷游儿，几块钱的东西，完全不是一个事，而且这种东西也不好 AA。

我们来到草地上坐了一回，新加坡女生给我买来了饮料，突然我就觉得我们的友情在升温，仅仅是两个人看着月光，我也仿佛觉得世界友好、太平，中国和新加坡人民的友谊万岁，错，应该是世界人民友谊万岁。

大家都是说中国话，在外的华人数不胜数，其实，我们都是一家人，根本没有什么贵贱之分，也没有什么历史因素，人与人之间仅仅是简单的相处，不带有任何政治和社会因素。

我可以很明显感觉得到的，新加坡女生刚开始对我还是比较不热情的，虽然大家都讲汉语，可是我明白，有些东西不说出来也懂。可是，经过今晚的相处，貌似她对我也打开了很多。而且，我一直认为，不论语言、国籍，只要在一起，就可以成为朋友，环游世界中，你无须考虑身份和国籍，我们就是纯粹人与人之间的交往。

虽然没到目的地，不过来了回边界小城市，成长和青春有时候是心酸的，很多东西，你越想得到就越得不到，还不如死心眼地做一个呆好人，无欲无求，只求一家人在一起，平安幸福。谁说小城市不如大城市？谁说一定要去那些旅游地？梦想无界限，我更爱随意地去一个小村庄，不用刻意走景点，只是感受空气和当地人。东南亚，我不爱游客多的旅游地方，我不走景点。

一大早，趁着还有时间，我怎么也耐不住好奇的心，怎么也要挤时间多看看这些难得的非旅游区，于是又拉着新加坡朋友跑到市场上去了，我买了一堆小点心、糕点之类的，例如黑糯米糕和一点面包，把早餐、中餐都搞定，穷游的快乐不过如此，然后去市场，看看这个地方有没有什么新奇的玩意。新加坡女生点了一份米线，尽管我买了些干粮，不过她怎么也要跟我一起吃，我们两个就坐在露天的木椅子上同吃一碗米线。早市也热闹极了，我这个时候特别觉得我俩像老挝人，跟周围吃早餐的老挝人没什么区别，要的就是这种气氛。

快到关口时候的风景也美得感人，继续着昨天美景，全部是温柔浅黄色稻田、树木、草丛以及叫不出名字的花和植物，相互衬托，美得出奇。即使树叶的叶子全部掉光，却更加透彻，仿佛在灵魂深处有一种纯粹的生命力，打动我，让我全身都充满爱。

过关口给了 20 美金，还有几美金小费，一切都很顺利。然后在一个中转站停车，自己走路去坐船的地方，还好不远。这个中转站超级多外国人，船上也都是疯狂的外国背包客，这里属于世界各国的背包客们，我们不爱大城市，我们爱小村庄。

天啊，居然在这么美的地方坐船，我居然来到了一个荒岛，而且岛上一切都很原始。第一眼，我就爱得无法自拔了，明明是荒岛，却像天堂。

我在东德岛，这里超级多外国人，貌似只有我一个中国人，的确，这个地方确实有点偏，是个逃避现实、与世隔绝的世外桃源。这里很美，非常奇特，从坐船到这个岛，我就被湖的景色吸引了，水中央无数的水草和小山丘。岛上都是土路，都是小木房子，房子前都有吊床，绝对是适合发呆、独处、约会的浪漫地方。

主路是一条土路，两边有很多小的旅社，其实就是当地人的家，他们可以帮你安排一日游，提供各种水上活动，还有购买车票，比如说提供车去东阔岛的瀑布。小小的岛，大家都认识，组织起来，什么都方便。

我选择走路，就是特别想走走那几公里土路，把东德走一圈，然后再走路到东阔，寻找瀑布、寺庙，将徒步进行到底，呼吸泥土、草木的香味。

新加坡女生说瀑布太远，决定骑单车去。

“5 公里哦，好远，很累啊，这么热的天。”

“没事，我就是要来走走这里的土路。”

“可是好远啊，会很累的，我还是骑单车吧。”

“嗯，那我一个人走路吧，晚上等我回来，一起吃饭哦。”

“嗯，晚上见吧。”

就这样，我和新加坡女生分开了，我太爱艰苦的徒步了，深爱着，我喜欢边走边慢慢感受所有的一切。慢慢行走，行走中，挥洒汗水和激情。

旅行以来，一开始可能会想想走路的公里数，如今，到了一个地方，完全不会考虑有几公里了，即使当地的人说很远，要骑单车或坐车，我还是不怕死地选择了走路。没错，从我住的地方一直走到东阔岛上瀑布，走路还是挺远的，可是我来这不就是为了感受双脚踏在土路上的快感吗？

从东德到东阔，一条土路相连，过了桥就是东阔，两旁都是田园和乡村以及各种动物，其实这里就是小乡村、小孤岛，但是，却吸引无数背包客。我也被如此纯净的乡村小路震撼，走在土路上，与世无争。车子一开过，路上就扬起一大阵灰，很大的尘土，这条路上，就我一个人散步，还有老外跑步锻炼身体，大部分都骑单车和坐车。徒步不是问题，问题就是好晒，晒惨了，全身都在燃烧，但感觉这条路是我的，霸气！

沿途的越野车上的人可能觉得我奇葩，都对我拼命打招呼，我觉得这样走路挺好的，管他有多远，就这样走上一条路，不考虑是否会有其他的捷径，因为我就是要感受走路的过程，脚走过，掀起一些黄沙，切切实实，与大地面对面接触，踏踏实实地踩在自己人生的道路上。

一路都是田野风光，你可能会说在中国这不就是一条农村的路吗，有什么特别的，到处都是。可是这里，这土路，这两旁的动物、黄土、绿树，宽阔的蓝天和无边无际的想象空间，让人觉得在这里挥洒汗水是一件特别有意义的事情。

新加坡女生已经骑单车从那边过来了，她告诉我过桥要收钱。难道没有别的路可以走走？就这么过桥的话，是不是会错过一些景点呢？于是，我没有直接过桥，沿着河边继续逛，我，又发现了新大陆。

这是我看到过的最奇特的设计和地形了，这个小岛，究竟有多少秘密啊，没想到这河边还隐藏着这么多的民宿、餐厅、旅馆，这个岛比想象中耐人寻味，朴实中可以感受很多传统特色。

我沿着河岸边一直走，我想寻找别的桥，通往对面的岛；我想寻找别的小路，发现特别的风景和人。

走了好久，似乎没有尽头，无限的大自然。桥，就在眼前，可是却走不过去。这个岛实在是太奇特了，我决定找个人问问，如果不行，就只能走回头路，从要收费的桥上过去了。

周围只有一些当地的原住民，都有自己可爱的房子，不一样的小设计，洋人们都躺在吊床上，各有各的生活。我问了问一些当地人，可是他们也不会英语，我只好继续寻找，正当我无助地四处观望的时候，我看见了一对洋人夫妻从我身边走过，我好想叫住他们，可是又不是很好意思。

我回头看了一眼他们，没想到，这对老夫妇停住了步伐，也正好回头看我。

“Do you need help？”夫妻俩非常友善地对我说。

要不要这么善解人意啊？实在是太有默契了！

“Yes，I want to go to the waterfall，but I do not how to go there.”

夫妻俩想了一下，马上走到我身边，他们说他们也是早上刚到的，也不太清楚，也跟我一样，正在四处乱逛。

他们看我一个人，小小个的，走了这么远，马上热心地帮我四处打听。

果然，结果还是从听说要收费的桥上走过去，而且貌似还要走一大段路。

他们问我来自哪里，怎么一个人旅行。我说中国，因为朋友要先回去，我就一个人来了。

而他们则来自一个非常唯美浪漫的地方，我的梦之地——瑞士。

他们的态度，他们友善的关怀，果然来自那美妙的地方。

夫妻俩看我一个人可怜巴巴的，又跟我说他们可以和我一起去，反正他们也是出来溜达，没什么事情，下午五点左右回去就可以了。

我高兴死了，本来我就对瑞士这个国家特别感兴趣，而且我最感兴趣的就是和各种友善和有爱心的人一起聊天，不管去哪里，我觉得我能受到感染，受到熏陶。

后来，我们就一起去寻找瀑布了，一路上我们越聊越开心，我发觉我特别能跟和善的老夫妇聊到一块，比起异性缘，可能我更加有老人缘？

他们跟我说了他们在老挝一路从北往南的趣事，他们参加了几天的森林徒步，老太太还告诉我，她有多喜爱琅勃拉邦，多么享受他们在琅勃拉邦的徒步。这也让我决定在琅勃拉邦好好呆几天，发发呆。

回到要收费的桥，很奇怪，没有人问我们要钱，难道是因为要收钱的人走开了？果然，人多，运气好。

一路上，我们开心地拍照，瑞士夫妇不仅亲切，而且充满活力，特别能走。一路上我们引来了很多当地小孩，跟着我们，帮我们带路，带我们走过可怕的树林和弯曲的小河，看着他们的背影，我心里有一种复杂的滋味，他们玩着小虫子，逗着我们，生活在这纯净原始的自然里，他们也有他们的快乐。

这里的空气好极了，在这么好的空气里，落叶、泥土、昆虫都是如此的可爱。贫穷，也可以很可爱。

沿途还经过了古老的火车头、当地的小寺庙，也看见很多洋人背包客去瀑布，不过都是骑单车或者摩托车，就我们三个选择徒步，虽然有时候觉得会迷失在丛林里，不过有孩子们这些可爱的向导，一切都变得非常乐观。

我们进入了当地人的村庄，感受他们的生活，看看老挝人的微笑；我们还看见穿着校服上下课的孩子们，扎着麻花辫子的女学生们成堆成群地嬉笑，还有各种休闲自在的人，他们是最美的风景。

老夫妇说他们没去过中国，非常想去中国，说中国一定非常amazing。是的，中国的农村也很美，只是没有被开发成景点，中国也有很多类似这里的风景，只不过我们没有发现而已，我们都一堆人涌向大城市，涌向景区，涌向盲目。

我的脚开始走疼了，因为我穿的是厚底的高帮运动鞋，刚才走了几公里，现在实在走得费劲。而夫妻俩则穿的是专业的登山运动凉鞋，他们一直非常担心我的鞋子的不便，问我能不能坚持，估计他们会认为中国姑娘实在太爱美了，为了爱美，可以豁出去，不顾一切。

正当走着走着，我突然被什么东西绊了一下，一下差点摔死，还好老太太扶了我一下，不然又要受伤了。

夫妻俩又跟我讲了一堆关于鞋子的重要性的话，他们说要买专业的徒步鞋，不然太费劲了，夫妻俩的热情真的是无边无际的。我穿的这个鞋子，明显是逛街时穿的，现在穿到丛林里来了，对于我来说，我不在乎去的地方是哪里，哪里都一样，还记得自己在印度穿着丝绸连衣裙爬山，如今穿着半高跟鞋徒步，小意思。

他们说我太强悍了，父母怎么放心让我一个女生出来，肯定很担心，然后说到了他们的家庭，他们的儿子在苏黎世的银行上班，家里还有两个女儿在上大学，还说让留下我的邮箱，把他们帮我拍的照片让他们儿子给我发过去。他们的儿子，28 岁，瑞士银行的职员，一定又帅又优秀，跟他们的谈话中，我好像去了一趟瑞士。

世界无界限，无障碍，无战争，哪里都可以交朋友，世界，是自己的朋友。旅行，是最能让人更热爱这个地球的举措。

和瑞士夫妇一直走向瀑布处，洋人太太会经常牵着我的手，生怕我摔倒，在他们的带路之下，抵达了瀑布前。这真是奇特的瀑布，特别美，水流可以有如此的变化莫测，Liphi 瀑布，感觉“千疮百孔”般地流泻出来，由于岩石凹凸不平的形状，让水花四射漂流，落入深林，落入峡谷，在空中展现出优美的舞姿。

瑞士夫妇帮我照了好多照片，我们还一起合影，他们还邀请我一起晚餐，可是我说我朋友在等我，于是就在要收费的桥上分开了，分开之后，走了一大段路，我才发现——完蛋了，没有要联系方式。好想念他们，好想再见到他们。

四千美岛是最美的，让人窒息，出乎意料的神奇瀑布，还有两岸的木房，最主要的还是千万个小岛，清澈地倒映在碧绿的湖水里，这有完美的徒步，也有多情的岛屿和大自然。走回去的时候，瞬时间觉得一点也不远，而且，还顺便欣赏了田园上的日落，圆滚滚，红澄澄的太阳，就从我的眼前落入了地平线。

最有趣的是，我并没有伸出手 hitch hiking（搭便车），沿途有很多人说可以顺风车载我回去，骑单车的、摩托车的、驾驶越野车的，居然都跟我搭讪，说可以载我一程，可是我都拒绝了，我就是喜欢走走路、看看日落，拍下独一无二的日落之美，只要天黑之前赶回去就好，找新加坡女生一起去吃饭。

这边晚上没什么路灯，很原始，不过清净之中又有热闹的相聚，凡是有背包客的地方，总能有点“搞作”，我们还是要找个湖边餐厅坐下，享受下美食的。路上虽然没有什么灯，餐厅还是装饰上了别有情致的小灯泡，让全世界各国的背包客都汇聚在一起，和小岛烛光约会。

餐厅的人说，这里常常满房，外国人超过了岛上的居民。这里有丰富的水上运动、探险，还有人专门过来看河豚，也有很多人来这边就是什么也不做，就呆在吊床里看看书，在阳台上发发呆，或者在餐厅里聊聊天。

我住的房间外就是湖，很美。其实，有时间的话，还可以去东孔玩，更大，更适合度假。

我和新加坡女生又找了一间餐厅，不愿吃完晚饭就回去，要在黑暗中沉浸在岛与月色交融的怀抱里。这又是一个疗伤的地方，有多少不愿意入世俗的人，又有多少怀抱着自己梦想的人，在这里寻找另一种生命的意义。是的，我很理解那些文艺背包客们，那些在这里放荡自己灵魂的嬉皮士们，艺术，存在某些特别的空间里。

让我们彻底忘记城市带给我们的那些伤痛，在这里住上一些日子，消磨时光，不颓废，疗伤，清醒地、平静地度过每一分每一秒。

我们都要做温暖的人，哪怕只是旅途中认识，
也要告诉全世界，旅行是温暖的，是奇妙的。

世界一家人，老挝拒绝『陌生人』

这辈子，什么都可以错过，四千美岛的日出就不能错过。在屋里，我都已经感受到那股柔美的力量照耀着我，把我轻轻唤醒。推开小木门，我被眼前的景色惊呆了，瞬间就被微软的阳光和湖水的清甜迷醉了，那一束红光，那一阵绿意，那一片清潭，使我的心彻底融化。心再硬、再狠、再无情，看到这景象，估计都彻底多情了。

我发现出游以来，哪里的日出日落我都不放过。怎么也不想错过美好的灿烂和温暖，每当看到太阳升起，看到它的变化，看着它照耀在湖面上，我就会觉得人世间是多么温暖，多么有想象力，毫无纷争，毫无压迫。每天早上，可以先感受一下“早上”这个词的美好，再出门。可以躺在吊床上，喝杯茶，听首歌，再去上班。

什么叫真正的亲自然生活？在这里可以得到彻底的体验，这里可以让你跟城市污染和拥挤彻底说再见。

水面上的那些秘密独一无二，四千美岛的美渗透人心、净化灵魂，四千美岛的传说是最真实的传说，每一寸土地、每一滴水、每一个地方、每一个小镇，都是有感情的，这里会有自己的寄托，自己深深的扎根。我，曾经来过这里，当以后再次说起这个地方，心中会满是感情，满是幸福，那种感觉会像是自己谈起自己的一个老朋友一样。

我和新加坡女生沿着主街道一直走到尽头，来到沙滩上，尽管这条沙路、土路走了很多次，不过还是很有意思的。这里的沙滩跟大海的沙滩截然不同，这里有无数的迷你小岛屿分布四周，密密麻麻地包围着沙滩，绿意无限，让人分不清是海还是森林。

我们两个还想走到更远的地方，想着如果沿着这条路走，会不会走到另外一个未知的小岛，发现另一个瀑布，因为四千美岛有很多岛，整个岛就是一个良好的徒步探险路线。只可惜，才走了一小段，我就要坐车去巴色，或者去万象了。

路上有很多拿着橡皮圈圈的背包客，很多人骑着单车逛街，也有很多呆在餐厅或旅馆发呆的，可是，在这么多人群之后，我却看到了非常熟悉的两个身影。

是瑞士夫妇，我们又相遇了！看着这对瑞士夫妇，心里真的是更加充满了对未来旅行的激情，是的，只要还能走，就要去旅行，像他们一样，还要牵手旅行。

今后的日子还很长，我希望自己可以和另一半走更多的地方，我们一起去继续冒险，冒险不只属于年轻人。

“Next time if you come to Switzerland，you can come to our house，we can host you.”他们跟我说。

“Really？ I want to to there，it is my dream to go there.”

“Come，you can meet my son.”

“Yes，if I come，I will go to meet you.”

旅行，小花痴一下，我一边脑海里想象着他们的儿子该有多高大阳光帅气，一边记下了他们的邮箱，很快，我就要去欧洲，去继续我的继续，在浪漫的瑞士，再续前缘。好了，我想多了，我们的见面，只是为了国际友好和文化交流，还有就是这对夫妇真的很热心、很好，我们都要做温暖的人，哪怕只是旅途中认识，也要告诉全世界，旅行是温暖的，是奇妙的。

有时候，谁也不知道自己旅行会如何，会走多远，这些也跟遇见的人大有关系，说不定，哪天我就真的走去了瑞士，不顾一切——旅行，不就是那一刻的冲动吗?

对于我来说，去另一个城市可以认识新的朋友，朋友，在自己的道路上有着非常重要的地位，所以，自己走遍了中国很多城市，想要认识不同的人，旅行，让命运中的我们相遇，青春不再单调，也不再变得狭窄。城市太忙碌，没有时间去认识一个人，而且很多人戴着虚假的面具，难以捉摸。在这个小岛上，完全抛开原来的生活和工作，愉快地徒步、骑车、钓鱼、喝果汁、睡觉、玩水、艳遇与相遇，展开自己不一样的传奇人生。

我打算今晚就去巴色或者万象，如果巴色有好玩的，我就玩玩，没有的话，就坐夜班车去万象。虽然说四千美岛可以直接坐车到万象、万荣，甚至琅勃拉邦，不过我还是想四处走走停停，多看看，多思考，中途，好像总想经历点奇遇，不走一般的游客路线，不为了走景点，而是为了在世界更多地方绕圈圈地玩。

四千美岛的景色永远都不会觉得腻，湖面的景色真的美疯了，完全控制不住地喜欢上它，犹如梦中情人。在我最后坐船回到岸边的时候，还是没有能够停止对它的赞叹。在我眼里，它不是最惊艳的，但是能唤醒人最真实的感情。

下午三点到了巴色，找了很多旅社，本来想去明天的波罗芬高原的，但是一个人觉得无趣，巴色也有一些徒步和漂流活动，无奈只得我自己一个人，始终找不到伴，合适的住宿也找不到，只能作罢。

只能一个人逛逛巴色了，去了几个主要的寺庙，把市中心逛了一圈，由于身上没有基普，只有人民币，只好背着包走了几公里，走得腰酸背痛，才找到中国人换了钱。这里或许没有有名的景点，不过更像是一场人生大冒险，更让人刻骨铭心。

旅行，美好并艰辛，今天超级辛苦，经过一番纠结和思考，我选择搭晚上的车去万象，早点去，预留多点时间，说不定后面的徒步更精彩，我觉得往北再去徒步会比较好。琅勃拉邦有很多的徒步路线，可以选择适合自己的。

巴色，是我在老挝接触的第一个现代化城市，当然说不上繁华，也没有时尚，这个小城市，却有着重要的意义和枢纽作用。随着夜幕降临，漫步在城市里，虽然没有灯火灿烂，但是也越走越有味道，不喧闹，不古老，就是一座平凡的小城市，或许很多人就是喜欢它的朴实，喜欢它低调的华丽。

从这里，其实还可以去其他的几个生态公园，丰沙湾、沙湾拿吉，不过我还是选择了去万象，毫不犹豫。

这到万象的夜班车，居然是当地人的车，根本看不见任何背包客，貌似就我一个，不过大晚上的，反正什么也看不清楚，也不知道车里到底具体是怎样，反正就一张床，我宁愿自己什么也不知道，就知道是一张床的感觉。

这个车中途停车很多次，票价却和旅游大巴一样，一点不便宜。老挝的卧铺车比越南干净，不过，一张床睡两个人！这明明是双人床，两张单人床拼在一起，很适合情侣，但是如果是不认识的人，这样一起睡觉，真的是完全神奇的世界。

我刚开始是一个人睡，可是，我怎么睡得安心？真心害怕，不知道何时谁会突然睡到我旁边。后来，真的来一男的，吓得我要死，还好他跟一个女的换位子，我就和一个完全陌生的老挝女子一起睡了。还好，她算是个美丽的老挝女子，更惨的是，早上天没亮，巴士就坏了，修了好久，没修好。这时距离万象还有两个多小时左右的路程，我们只好坐后面可以搭十个人的电动车去，早上好冷，风从两边刮进来，全身都起鸡皮。更可怜的是，这个车不让开进中心区，在一个我完全不知道的地方把我放下了。坐老挝的巴士，两次，都很刻骨铭心，过于深刻，其实也挺有趣的。

Laos

走在路上，不用在意周围人的眼光，没有人会在这里认识自己，
没有人会记得自己，永远做个旅人。

在万象湄公河醒悟到什么是幸福

我按照地图，背着大包，毅然选择走路到市中心，一路都没看见什么景致，只有大马路和很多向我打招呼的 tutu 车，一路问人，都说好远，让我坐 tutu 车，可是我就是很好强，别人说远，我偏要走到，我一定可以走到。

走了好几公里的路，终于到了著名的景点塔銮寺。其实我选择走路的原因，是因为下次不用专门走路或者搭车过来了，节省了成本，先看完这个不在市中心的景点，下面就可以直接徒步在市中心逛了。

美丽的金色塔銮寺是老挝最重要的国家纪念碑，是佛教和老挝主权国家共有的标志，国徽上面就有主塔的形象。一进去，就能感受佛教的文化艺术，从现在开始，我的旅程又走入了佛教的世界了，老挝的国宝就在眼前。

今天老挝的佛教徒和过来顶礼膜拜的民众特别多，游客也络绎不绝，我背着包暴走了一圈，都要被压死了，昨晚几乎又没睡，现在特别想突然在这里遇见一个背包客能一起上路，我实在不想一个人走下去了。

寻找着对象，想找人搭讪，可是却发现这里好难，都是匆匆走过，我似乎成了被忽略的对象，难道注定我在万象要一个人清静了？

唯一的办法，就是住青年旅舍，接下来的目标是寻找一家最疯狂的青年旅馆。

“我要一张床，最便宜的多少钱？”

“现在只有混合四人间，7 美金一晚。”

“好的，住一晚。”

其实我特想住那种十几人的，这才四个人，一点也不好玩。

我一进房间就傻眼了——怎么大伙都出门了？一个人也没有，我也要赶紧出去。我把包一放，马上就飞出去逛了，脑海里已经有了路线，只要在这市中心，随便你怎么走，随便怎么乱走，总能走到。

去一个国家，我一定会去看博物馆。老挝博物馆，麻雀虽小，五脏俱全，里面的展馆很有规划，墙上都有标志，让人们可以按照时间顺序来参观，让人更明白这个国家的历史、大事记、文化、战争。很多人都曾经考察过这里，这里的地形、结构、面貌的确是有很多值得探究的。特别是法国殖民时期和越南战争时期，以及共产党领导运动时期的照片占了很大一部分，来这，主要是了解一下历史。

万象的寺庙就遍布在各法式建筑里，遍布整个街道上，可以随意参观，全部都是金灿灿的，喜欢看佛教寺庙的人，在这里会找到自己的一片天地。这里最古老的寺庙叫沙格庙，很喜欢它的整个布局，气质又古典，还有最特别的是小佛像，起码有几千个。我一口气看完了博物馆，看了很多各种各样的寺庙。是时候好好欣赏一下这里的休闲生活了，我开始沿着河边走，河边的中心区全部是餐厅旅社，法式建筑，古老时尚。作为首都的万象，条件各方面都是不错的，比较干净，便利店也较多，没有什么高楼大厦，也没有拥挤，虽然都是餐厅，却跟胡志明市、金边的感觉完全不同，不见那种热气腾腾的大排档，而是优雅和迷惑，细腻与格调。

在万象走路，不用感觉去寻找某个景点，只要觉得自己走某一条路，说不定就会有寺庙或其他的景点。处处都是大大小小的餐厅和寺庙，有时候自己走着，宁愿绕远一点路，而不直接去到景点，想走走看，看能否走出点什么名堂来。

走了这么久，整个城市又快被我“攻破”了，甚至我连晚上去哪里都已经谋划好了，从中心区走到河边，又走回中心去。万象真的很适合步行参观，而且一天就能把所有中心区域看完，还可以留下丰富的时间给夜生活，完全不觉得很赶，即便随便走走，也很快就能熟悉这里的街道。

现在要马上填饱肚子，一个人吃饭，怎么也不香，无奈今天就只吃一餐，怎么样也要找个像样的餐厅。万象的咖啡厅很多，到处都是洋人们吃西餐、喝咖啡，就连店名也取得好浪漫，都是一对对恋人，很难看见单身的人。我还是拍拍照好了，那些浪漫的餐厅，我还是别进了。

餐厅的设计，比起他们店里的美食更加吸引我，我喜欢拍餐厅的图案和建筑风格。

正当我沉浸在自己的拍摄中，我听见有人跟我打招呼。“Hello！Welcome. Where are you from？”一位当地的小伙子非常热情地招呼我，我不理他，都不好意思。

“China？”

我跟他点点头，稍微笑了一笑。

看他一下子就猜中、至少没说我是日本人或者韩国人的情况下，我突然觉得有了亲切感，对他的小店产生了兴趣。“China”这个字眼，在旅行中实在太有亲切感了，旅行以来，一直被人说是日本人还是韩国人。

我发现那是一间挺不错的餐厅，明亮的颜色，优雅的环境，而且人不多，就两个洋人。

小伙子看我驻足了，便笑容一百分地请我进去坐，门口pancake（烙饼）的标志吸引了我，我也没仔细看菜单就进去了。

我是真心想试试这边的banana pancake（香蕉烙饼），至少不用吃法国面包和汤面了。小伙子热情地介绍各种pancake的特色，我一看菜单真的疯了——好贵！怪不得没什么人，可是这个时候走又太不合适了，小伙子还这么热情，唉，我只好硬着头皮点了一个香蕉和蜂蜜口味的。

吃banana pancake，上面的冰淇淋很重要，小伙子给我弄了好多冰淇淋，绝对是加足了分量。他还细心告诉我各种口味的不同，还说特别喜欢中国姑娘。

这么贵的食物，一定要慢慢地品尝才可以，唉，真是难得奢侈一小把，无处不疯狂。小伙子看我一个人吃得那么无聊，继续跟我讲话。

他给我递来一张入场券，说今晚上他负责的另一个餐厅会有美食聚会，这张券包括一杯免费的饮料和小点心。

他说他邀请我晚上一起去参加活动，希望我可以到场，和他们一起参加派对。

我接过了票，犹豫着去与不去，毕竟我还是喜欢一个人随便找点事情做做，不过，如果无聊的话也会去看看的。但我是一个在荒野行走的人，来去如风，无踪，飘忽不定，满地乱逛，四海为家，下一秒去哪里，全凭直觉。

看着这么热情的小伙子，我也没好拒绝，就说有时间的话我会去的。小伙子穷追不舍的说他希望可以和我成为好朋友，更多地了解中国文化，希望今晚可以和我一起聊聊天。

不过，我实在有太多自己的东西要去处理了，我要在万象好好地感受一人世界，走我自己想走的路，在路上打发时间。于是，吃完了 pancake，休息了一小会，我就离开了，往湄公河走去。

白天的湄公河，是如此的平静，河岸没有特别亮眼的景致，亮点在河岸边的大道上，很多人运动，很多人坐在阶梯上发呆。尽管如此，我还是走到了河边，近距离接触，捕捉岸边特别的植物、石头、人群，享受一个人慵懒的时光，在我眼里，这些“微笑着”的事物都很美。

来万象，不能错过的还有唐人街，特别多中国餐厅、特色餐厅，天还没黑，大排档就开始热闹，最吸引眼球的就是每家店都会摆出自己的招牌特色——鱼，看谁家的鱼更大条，更肉美，更新鲜。从唐人街一直往下走，还能经过法国特色和老挝特色的建筑群，还有红灯区。不过我去的时候，天没黑，所以，人群还没出动。

无论去哪里，路上都有很多值得发现的东西，每一个人，每一个平方米，都有其存在的意义，都有故事。

走在路上，不用在意周围人的眼光，没有人会在这里认识自己，没有人会记得自己，永远做个旅人，走到哪里，都只是当自己经过，都只是把自己当游客，那样就不会在意，不会难过，不会心有顾忌。

是的，无论在哪里，我都只是个游客而已。我走走停停，想去哪里就去哪里，想爱谁，就爱谁，不爱了，也不会受伤。

晚上，一个人沿着河边的大道散步，逛夜市，情不自禁在万象湄公河旁的广场落泪了，很不自觉地被感动。无论是走在河边大道，还是夜市，都有一种无法控制的情绪，什么荣华富贵，什么名牌奢华，什么大城市的霓虹灯，都是扯淡。看看这里精心制作的工艺品，看看这里的人们脸上灿烂的笑容和满足的表情，看看这露天的集市，这是爱，这就是生活的源泉，多么简单和直接。没有一层层的修饰和包装，没有高楼大厦里的那种窒息，走在这里，是多么自在。

看到了太多单纯的幸福，人间的真情，这才是生活的本质，多么单纯美好的生活，他们有湄公河就足够了，有自己的小日子、小圈子就足够了，这里没有等级，没有束缚，没有压力。河边的大道上，就是生活。运动，美食，情侣，亲情，友情，骑单车，散散步，聊聊天。还有一大帮古惑仔，成帮结派。我越走，越觉得感触很多，很想回家，所有的一切都不想要，只想好好和爱的人一起。我被他们的生活所打动，仿佛回到童年，找到了初心。值得了，来一趟，完全感受了什么是真的生活。

夜市，也很精彩，喜欢细细去看这个国家的手工和艺术，虽然不震撼，却动人。因为它的每一个主人都是那么的不同，有着自己的故事。不知道为什么，我看着这里的夜市和灯光，还有他们非常淳朴的笑脸，我会不自觉地哭出来，是感动还是内心冰封的压抑突然被释放和溶解？

对面就是泰国了，突然燃起了烟花，点燃了两岸人民的幸福，看着岸边情侣们的背影，看着河边大道上推着婴儿车的外国家庭的背影，看着一群群不羁的狂妄少年，我想像他们一样，每天和父母出去散散步，每天都能给爱的人一句温馨的话，一个温暖的拥抱；我想和自己的损友在城市的某个小角落里喝杯小酒，聊着未来和自己的家庭，聊着怎样才能让社会更美好一点。

我仿佛明白了幸福的真谛，什么才是最重要的，什么才是一辈子的，我好像明白了。我真的醒悟了，毕业后经历了太多，经过几次工作，几次长途背包旅行，这个社会，现在在我面前就像一张白纸，我重新把我的人生画在上面。

一切都不过如此而已。社会，只是一张白纸，就看自己怎么去画属于自己的风景。什么名牌，什么金银珠宝，什么楼房车子，都是狗屎浮云，我们不需要。

回到旅馆，发现其他几名外国朋友都没回来。那也是，这么美好的夜晚，怎么可能呆在旅馆？即便是一个人在湄公河边发呆与思考也好。于是我又一个人跑出去逛去了，一个人的派对也可以狂欢。

沿途经过好多的酒吧和餐厅，可是都没有进去，想起今天吃饭的餐厅老板让我今晚去他那参加聚会，我还是决定不去了，我还是决定一个人享受时光，明天会遇到人的，所以，今天让我一个人呆着吧。今天完全是属于我一个人的世界和生活，餐厅老板没有看见我，应该会失望吧？有时候，旅行的时候，晚上不一定每天都派对，都狂欢，我只想一个人走走，一个人思考，把心中的杂质全部清除。

万象虽然是首都，可是完全不像越南和柬埔寨那么喧闹和繁华，热闹的地方只有几个大排档，或许这里热闹的地方都隐藏在房子里面，反正，我只属于这些自由的街道和空气，只想喜欢我能见到的一切光亮。

找了很久，找不到适合自己的餐厅，就去超市买了几个水果和零食，然后又跑到湄公河边，来吧，尽情享受这美好的世界吧！我一个人坐在台阶上吃东西，吹吹风，感悟人生，在这里，我好像找到了真实的自己，没有浮躁，没有欲望，没有虚荣，我以后只想呆在父母身边，过最实在的生活。

在万荣的夜晚，开启我们的美食之旅。

1. 湄公河边坚强的小花，任何一处细小的情境和风景都是最大的感动。
2. 我们不必贪恋那些遥远的、物质的，高贵的生活品质来自本身的完善和心情的愉悦。

1
2

1. 万象，寺庙和花，最和谐与温馨的画面。
2. 南松河皮划艇，夏天的趣味和水上的狂欢。
3. 万象凯旋门，混合风格的可爱建筑。

1
2
3

1. 万象沙格寺，好多的小佛像。
2. 万象的寺庙，神话的气息中，艺术和设计无处不在。

老挝，寻找你自然的气息，千奇百怪的瀑布和热带雨林。光西瀑布，看帅哥美女们跳水，老挝的热带雨林透爽清凉有激情。

琅勃拉邦的每一间小店，每一幅画，如此多情有心。

1

2

1. 真诚、虔诚是我们做人的原则，也是琅勃拉邦人纯洁的信仰。
2. 琅勃拉邦甘甜的街头小吃，小小的简单生活，确是最真实和自然的味道。

1 3
2

1. 天天在琅勃拉邦看寺庙，一个都不想错过。
2. 琅勃拉邦的每一个寺庙，都有不同的特色，都会精美得让你刻骨铭心。
3. 用发自内心的爱，去爱这个世界，去体会任何一个人的情感，在老挝，看到很多僧人，会被爱的力量征服。

Laos

在这里他们完全释放，集体疯狂，肆无忌惮，

躺在餐馆里发各种呆，参加各种水上运动和徒步。

老挝是一个享受生活的地方，比起看景点，更重要的是去放松自己。这里也是去泰国的中转地，很多人都会在这里待几天，好好策划泰国的行程，或者从这里到柬埔寨，到越南，所以，老挝可以说是混合了泰国、越南、柬埔寨的某些文化。

因为中午要在车上度过，一大早，我就勤奋地去买了法包和水果，作为早餐和午餐，一个法包，可以吃两餐，这边的法包叫三明治，里面的材料跟柬埔寨、越南的很不一样。最好吃的是鸡肉馅的，加上鲜浓的汁很新鲜的蔬菜。我从最开始嫌弃法包，到现在每天把法包当正餐，完全融入东南亚风情中了，到这边，就是要疯狂吃法包，省钱又管饱，怎么样都有肉吃。很好吃，鸡肉，绝对真

材实料，绝对分量足，越吃越好吃，还有番茄，是这东南亚三个国家都会放的，不过这边会放青菜或者黄瓜。就这样，我细细地品味在旅行中看到过的每一样东西，活着，一天至少要有不同的发现和新鲜。

几个国家走下来，开始熟悉法包，这种熟悉，让我真正觉得自己是有来过，有经历过，而不仅仅到此一游。

其实一大早出来，也是想到处逛逛，感受清晨的万象，最后回顾一下我的万象之旅，一个人把万象又逛了一遍，小餐厅、小咖啡厅、小寺庙。每条路的名字都差不多熟悉了，最喜欢逛这种小镇了，哪里都可以走路到达，而且可以熟悉它的感觉很好，仅仅擦肩而过就太冷酷了。

旅馆的车把我们送去车站，大 tutu 车里，除了我之外，竟然都是韩国人，并且都是成群结队的，而且看上去都是学生，特别富有活力，好多穿着时尚的韩国美女，人人都要来东南亚火辣一把，燃烧自己最炙热的青春。

期待已久的老挝的巴士，在老挝，坐巴士已经成为一种快乐了，到了车上，坐我旁边的是一个漂亮的韩国女生，实在好巧啊。我用韩语跟她们打招呼，她们的热情一下子就和我连接起来了。

她们是三个人一起出来的，是在韩国全州上大学，这次来东南亚，她们不仅仅是来旅行，还是出来当志愿者的，她们在柬埔寨做了一个多月的英语老师，结束之后顺便去老挝和泰国旅行。

我仿佛觉得昨天在路上逛着的时候见过她们，也是三个韩国女生，好像真的见过她们，怎么也觉得她们眼熟。万象不大，老挝其实也不大，世界也不大，在这里遇见，很容易，人与人之间，或许只是一个眼神，一个小小的“在意”。

她们告诉我她们当志愿者的故事，给我看她们在柬埔寨的照片。

“那些小孩子真的太可爱了。”

韩国女孩指着相片里的柬埔寨孩子们，告诉我他们之间的故事。

几个女生围在我身边，谈起她们的那帮学生，一个个都兴奋不已。

她们坐了27个小时的车从柬埔寨到万象，我突然觉得自己从柬埔寨到四千美岛的时间是不是太短了。

一路上除了和她们聊得没完没了，风景也是我喜欢的类型，我感觉，我一个人的孤单青春要被挽救了，这几个青春无敌的女子，她们的活力深深感染了我。当然，我也是一个疯狂的人，所以，我们就一起疯狂吧。

说了一大堆，这才开始互相介绍，坐我旁边的是艺林，另外两个分别是雅兰和秀斌。

我突然想起了我在大学曾经支教的经过，我曾经美好的大学时光，为何那个时候我没有走出世界？现在会不会太晚了？如果再让时光倒流，我想再回到学校，那个可以安心地编织自己梦想的地方。

这就是不能去四千美岛的原因，因为我们除了自己活得安逸，其实最大的价值就是做一个可以贡献社会的人，对国家和社会有意义的人。我们，始终是要在这个世界里活出人生的意义。

一路别提有多颠簸了。不过，这样或许更能体验老挝的山，我们一路聊天，也没睡觉，下车之后，就忙于跟着韩国美眉找旅馆，睡意全无。一来到万荣，就爱上这里了，这里又是另一个不同的四千美岛，另一个不同的下龙湾和宁平，结合了最精华的老挝特色。

万荣的山非常奇美，让我吃惊与惊喜，不同于下龙湾，也不同于桂林，它的山顶形状多变，一座座山连起来，而不是一个个分开。我喜欢这里的颜色，淡淡的水墨花颜色，从不同角度看，总会有不同的心情和构图。

万荣，绝对又是洋人的另一个天堂。在这里他们完全释放，集体疯狂，肆无忌惮，躺在餐馆里各种发呆，参加各种水上运动和徒步。这边很热闹，完全是他们的天下，有这么一个地方聚集在一起，的确不错。晚上，街道上可能会遇见疯狂的老外，到处都是裸着上身的猛男，穿着性感的美女。不过正因为他们在，才能打破这夜晚的沉寂，消除寂寞之感。一个人在万荣会觉得寂寞。大家一起玩，才好玩；人越多，越好玩。

安静之中，老外欢呼的声音络绎不绝。欢呼声持续不断，整个万荣就是一个大的派对，在自然风光里，隐藏着神秘的聚会。

我们几个在河边找了一个地方坐下来，看上去比较热闹，餐厅上面用小灯泡装饰起来，闪闪发光。老挝的小灯泡，真的是很可爱，是一大特色。要享受我们的美餐啦，赶紧把老挝啤酒满上，再来一碗老挝的特色汤面，在一起疯狂聊天，人生不过如此。

走在没有灯的小路上，有一种到了乡下的感觉。世外桃源里的小乡村，这里一无所有，可是正是人们来这里追求一无所有而获得拥有一切的感觉。人生，就是走过各种不同的路，无论是怎样的路都不害怕，活着，就不能有害怕的瞬间。

这里就是真正的与尘世隔绝，但却有自己每天的派对，冷静，但是不孤单，在这样的地方，也能活得灿烂多彩。每天骑骑单车，划着小船，在吊床上发呆遐想，一本书，一杯果汁，一首歌，在这没有污染的世界里，生活该是有多么惬意。

把欲望丢掉吧，把对名品、金钱、权力的欲望统统撕毁吧！幸福，源自平和充足的内心。

相机也进水了，拖鞋也掉了一只，
狼狈不堪，体力都要透支了。

万荣大冒险，死里逃生

其实，昨天跟韩国女生报名岩洞探险、漂流之后，我丝毫没有想象过会是怎么样的情形，以为就是坐个船漂流，进个岩洞。对于我来说，只要和朋友一起，我不管去哪里，参加什么，眼睛一闭，心灵的身体跟着他们走。

一大早，我们就在旅社门前集合了，她们依然这么亲切和热情，用韩语一句句叫我“姐姐”叫得很亲热。她们三个女子，各有特色，三种不同性格，三种不同风格，我们在一起，总能聊到一块，大笑，大疯，我们感觉不到对方像是外国人。

这个团果然是韩国团，整团就我一个中国人。当地的导游也会说一些韩语。还好我会韩语。不过即使不会，有她们三个在身边，一切都不重要了。

第一站，大象岩洞，事实证明，这个岩洞不是主角，真正的主角反而是岩洞附近的自然风光，万荣的田野风光，自然的味道也很不错，远处奇形怪状的山，下面就是小村庄和南松河。今天，意外地来一场老挝的田园风光体验，走走这些农家小道，再看看远处的奇山怪石，在一片绿野中，来一场轰轰烈烈的春游。

我们参观完大象岩洞，然后走过一段乡间小路，纯天然的野外体验，还看到有很多种动物。小溪流水，翠鸟歌唱，这里仿佛是可以写诗弹琴、饮酒畅谈的野外世界。走过这段特别的路，我们进入了今天的重头戏：岩洞探险。

首先映入眼帘的是一个迷你的小水潭，周围被岩石和树林包围，有一些人坐在橡皮圈里，漂在水面上，这就是万荣大名鼎鼎的橡皮圈漂流。虽然湖不大，但是这里湖水带来的那种让人全身清爽的味道带着甘甜，这里的翠绿和湿润，显示出这里就是世界某大奇迹之一的感觉。

等湖水里的这批人散去，导游又拉来了一批橡皮圈，每个人发来了一个套在头上的灯，示意轮到我们下水了。我还以为就是坐在橡皮圈圈，在湖水里玩一下就好了，谁知道，韩国女生告诉我一个可怕的消息，我们居然要从岩洞里进去，居然还要从那个缝隙里进去。那个缝隙这么小，怎么可能进去？我不会游泳，我怕水，我连自己能不能坐在圈圈上划水都不确定，怎么可能在漆黑的岩洞里行走？

导游给我们示范，他跳上圈圈，双手扶着绳套，顺着绳子的方向钻进了洞里，原来，我们是要用双手滑动绳子，然后探索整个岩洞！我之前完全没有想过会是这种情形，这肯定是要把全身打湿的，我还穿着棉的长裤。我眼睁睁看着别人一个个跳上了圈圈，他们先是在湖里漂着，划着，适应水感，然后渐渐开始一个个扶着绳子，慢慢被缝隙吸了进去。

导游示意我要整个人泡在圈圈里，躺好，不能半坐着。韩国妹妹也坐上了圈圈，在我前面召唤我，大家都扶好了绳子，一个接一个滑进了缝隙，那缝隙小得不得了，就一个圈圈能过去。导游让我把拖鞋脱掉，把相机拿掉，我没脱，我居然此时此刻还想着要拍几张惊艳的岩洞探险之境！我英勇地直接带着相机，眼睛一闭，往圈里一坐，管他呢，死不了的！

结果我刚坐上圈圈，整个人完全失去平衡，根本没有坐好，我整个人就翻到水里面了，手中的相机也一整个掉入水里。都说了不能带相机，我为了捕捉英勇的瞬间，居然用个袋子把相机装上，拿在手里，这下好了，提前湿身，别人都是专业防水的，套在脖子上，我只能一边维持平衡，一边还手拿相机，小心翼翼，教练再一次示意让我要整个人坐上去，我调整好位置，终于成功浮在了水面上，摇摇晃晃的我跟上了队伍，韩国妹妹们都在我前面，她们不时回头观望我的情形，还好有她们在，这三个阳光勇敢的女子。

绳子，绳子在哪里？天啊，还要用力抓紧绳子，完全是力气活，要用力拉绳子让圈圈前进，因为水下岩洞小，只能靠圈圈进去。

在溶洞里，我真的差点断气了，累死人了，手无力，很想松开，完全看不见路，拖鞋在一阵不稳和黑暗中也掉了一只，处处都觉得危险，怕撞头，怕淹水，不行，我不能这么弱，作为唯一的中国人，我一定要挺下去。

岩洞好黑，有时候根本看不见绳子，还好，我们是集体作战，前后都有人，只要不脱离队伍，只要跟着他们，就不会有大问题。只是有时候要跟上队伍真的很费劲，我老是翻船，而且手根本就无力拉动绳子，圈圈老是不听使唤，在有些地方，我们需要站起来，走一段，然后再坐上圈圈，真的是太考验人了。漆黑的岩洞里，不知道水有多深，不知道该往哪里走，其实如果一直坐着圈圈在湖里，那倒不难，可是由于岩洞里面蜿蜒崎岖，还有峭壁和石头，需要运用全身的能量去通过，必须配合好手拉绳子和圈圈前进的频率。

其他韩国人都很冷静，没有一点害怕，都很有集体精神，有些地方大家都会互相鼓励，互相帮助。在一个漆黑的地方，有一个韩国人提醒我要小心不要撞到头，实在是太感动了，虽然只是简短的一句话，可是却大大地帮助了我。有好几次，我真的觉得没有力了，我觉得我要翻了，我要沉到水里了，如果我手一松，我的圈圈就会滑到某个黑暗的角落，或者是撞上岩壁，我不仅要用力，还要眼观四方，还要跟紧前面的同伴，不然还会迷路。常常有分岔路口，手必须抓紧绳子，身体必须坐稳。当我快不行的时候，我看看后面的韩国队友那么坚持，我又有了动力坚持，我要和水流作斗争，要知道，岩洞里的水很深，如果我松开了手，翻了圈圈，说不定就沉入水里了，而水里貌似都是岩石。

坚持了好久，终于在到了尽头的时候往回走了，依然恐慌，有时候我的圈圈根本不动，往前非常费力，经常会偏离绳子的正常轨道，要用力回到轨道上再向前。整个过程中，我都在拼命寻找韩国妹妹们的背影，可是真的很黑，而且几乎都分开了，只是在中途停留点我还能听见她们叫我的名字，尽管手脚都麻了，可是别无选择，只能向前，我知道韩国妹妹们在那边为我加油，在那边等着我。

在危险的情况下，我依然在出洞的时候拍了照，怎么也要纪念一下我这惊险的过程呢，我把我此时苍白的脸和湿透地坐在圈圈上的样子拍了下来。我爱运动，我爱挑战，我经常在各种困难下重生，只可惜相机也进水了，拖鞋也掉了一只，狼狈不堪，体力都要透支了，怎么觉得像又骑了一次吴哥窟“大小圈”？

这，或许也是我喜欢东南亚旅行的原因——安逸、轻松之余，可以有各种各样的刺激活动和运动。山水之间，你都能去冒险，与大自然比赛，征服大自然，征服自己。

韩国妹妹们看我鞋没了，也很郁闷，接下来还要走过田园，还有皮划艇，都要光一只脚了，雅兰想了一想，给我找来了一个塑料袋子，她说让我把脚套上，我连忙套上袋子，还是红色的袋子。不过我“妮哥”有时候是不顾形象的。

我想说，我今天参加这个团，为的就是今天中午这一餐！饿死了，累死了，赶紧上肉、上菜。别的什么感觉都没有了，只知道这种东南亚的一日游，中午吃的都不错，这就是东南亚特色，怎么吃都觉得香。

午餐很丰富，韩式烤鸡肉，加上玉米、香蕉、面包，好吃、好香、好值。在旅行中，有一种乐趣，就是大量运动之后，坐下来美餐一顿。人生竟然是如此美好，所有烦恼都没有了。

吃完饭，我们要走回车上，去下一站。看着我脚上套着红塑料袋，走过田园，妹妹们都要笑死了，雅兰还帮我拍了照，以此纪念她的聪明和我的搞笑。

岩洞探险，只是一个小序曲而已，接下来，我们又要马上换装，全副武装起来，投入南松河的怀抱了，这回的道具是船桨。但是感觉这个的危险系数远远小于刚才的岩洞探险，首先这个是在明媚的阳光下进行，而且还因为每个女生组的皮划艇都配备了一个导游，难道是知道我不会游泳，还是因为这个要更加危险?

我和艺林一组，雅兰和秀斌一组，大家轮流划船，导游也有时候帮着划。南松河皮划艇漂流是来万荣、老挝一定要做的事情，虽然之前在越南船坐了不少，但是感觉是截然不同的，这个漂流氛围更加热烈、更加刺激，风景也非常棒。在河里，皮筏艇随着波浪起伏着，是观赏万荣大自然的绝妙时刻。河流清澈，有时候会有一阵阵小细波浪。水流只有一两处比较急，其余都很缓和。岸边是外国人聚会，兴奋的音乐和啤酒，开心的老外，游泳的、玩橡皮圈的、运动的。这里，才是新的人间天堂。乡村风味、乡间餐厅、小河风光，这才是另一种乐趣。

这场皮划艇运动分两部分，前部分大家只是互相泼水，后半部分就开始互相翻船了。还好，水不深，即使翻船了也可以再次起来。但不翻船是不可能的，绝对不允许有那一条船不翻。我们的组合里，不管谁是谁，都互相开仗，把对方的船弄翻。我们船上还有一个导游，是专门配给两个女生的，他经常会给我们泼水，冰凉的水透入心里。两船大战，也很有意思，充分感受到韩国人的能玩。和他们在一起，很是开心，大家都玩得开，但不过火。

我们的船也翻了一次，被泼水无数次，来吧，打水仗吧。不疯狂，对不起这里这么豪爽的风景，对不起两岸摇滚的音乐和自娱自乐的各国背包客创造的派对，两岸都在欢呼，都在呐喊，我们怎么能不 high 起来？

今天的皮划艇漂流真是超乎意料的好玩。南松河两边的风景真是出奇的美好。东南亚，总有这些隐藏在山水之间的胜地，其美妙之处就在于你很容易在一个小视野和一小片景色里找到满足和新奇的发现。

我们疯到一半，大家就停在岸边的木板上休息，停下来，好好看看两岸的风景，对岸的木房子、蓝蓝的天、起伏的山，接下来是半小时的自由时间，然后再次启程。

本来我们四个女子只是把脚伸进水里冰凉冰凉，结果我发现，越来越多的人开始直接跳下水，在水里游泳。从木板到水里，竟然还有几个木阶梯，是让人下水的。

雅兰，你要干什么？雅兰同学突然扑通一声，直接从岸上跳下了水，水正好到她胸腹部，由于大家都穿上了救生衣，雅兰也在水里浮起来了。其实，我们四个都不会游泳，可是，既然疯狂了，就疯狂到底吧。雅兰招呼我们三个赶紧下水，一起游泳。不会游泳的她，一会儿仰泳，一会儿自由式。越来越多人到水里去了，另外两个韩国妹妹也想下水。

“走吧，姐，我们到水里游泳去。”

“啊，我不会游泳，水很深。”

“没事，我们也不会，我们会拉着你的，走吧，跟我们去吧。”

她们两个顺着梯子走下水，她们告诉我，脚可以到地，让我放心下水。

虽然脚可以到地，但是再远点的地方就很深了，而且我明显由于个子矮，脚到不了地。

她们看我犹豫不决，就伸出了双手："来吧，没事，我们拖着你的手走。"

我好想把身体全打湿，就像自己穿上了比基尼一样，刚才泡得不过瘾，这回要跑到河里好好泡泡。

虽然穿着救生衣，可是我发现，看似平静的水流，实际上阻力很大，我靠走路不行，必须游起来。大部分人都仰泳，我先是自由泳，然后仰泳，韩国妹妹们拉了我一会，看着我自己可以慢慢浮起来，就松开了手，水流也把我们慢慢分开。

完了，完了，我发现我自己被水推到了岸边很深的地方。在水最深的地方，已经没过我的脖子了，我都快站不住了。我怎么用力都起不来，救命啊，救命！在水里走路比游艰难多了，我整个人在往水下面沉，惨了，身体完全用不上力，脚也够不着湖底了，我感觉我自己正在往水里沉下去，我看到了远处的雅兰，我很想用力叫她，可是我发现我连声音也出不来了。

救命！我在下沉，救命啊！完了，完了，没有人看见我，无论我怎么走，水流都一直在把我往下压。另外一个韩国女生看见了我，马上过来，用手拉住了我，我的小命获救了，我牢牢抓住她的手。

这个韩国女生说让我仰着游，还教我划水，可是我就是学不好，老是偏离轨道。在水面上的感觉我真的觉得自己好难受，都不知道要漂去哪里，什么时候会被水卷走，身体浮不起来，艰难前进。好几次，真的是好几次，自己又差点被自己吓死，总感觉水和我作对，要把我吞噬。

韩国妹妹们发现了我的不妥，赶紧都游过来，说带着我走，后来，我们四个手拉着手，她们一起带着我在水里面走着。这似乎是万荣的一种特色，那就是一定要落水，把自己弄得越湿越好，不用穿泳衣，也不需要会游泳，只要不顾一切把自己投入水里就可以了。

看那些外国背包客们一个个在河里漂着橡皮圈，一个个是多么的舒服自在啊，无聊了就上岸，找个地方加入他人的派对和舞会，在音乐中和欢呼声中度过，休闲一天、探险一天、再运动一天，这里有着无穷无尽的乐趣。

旅程并没有结束，还要继续乘着皮划艇向前，回到城镇附近。后面这段路要比前面波澜起伏多了，也更加的刺激，真是恨不得把自己弄湿，恨不得皮划艇可以更加疯狂地跳跃，恨不得波浪更大一点，斗争更激烈一点。

每次到了活动的结束，我似乎才开始思考下一站，去哪里？今天留在万荣，还是晚上坐夜班车去琅勃拉邦？因为韩国女生们明天要去骑自行车游万荣附近，我之前骑了太多了，想着万荣看得也差不多了，应该把时间留给后面的琅勃拉邦，所以想着可以今晚走，让回国的时间充分点，可是又很不舍得这几个韩国女生，好想和她们一起，她们是后天去琅勃拉邦，会比我晚到一天，她们之后还去泰国。我真的好想和她们一起，但是，真的很纠结，是回国，回到那个漆黑的地下室，继续奋斗，还是继续去泰国？由于北京有很多事情要处理，泰国也去过了，我决定还是走到老挝就结束吧，泰国，下次再好好去上几个月。

韩国女生们陪着我去询问车票，一家家地问，在经过了各种考虑之后，我还是决定今晚就走，一方面可以省住宿，另一方面又可以节约时间。回到她们的旅馆，大家一起谈天说地，我也记下了她们的电话号码。

“姐姐，以后如果来韩国，一定要过来找我们，我们带你玩。”

“一定，我一定会去找你们，我们一定还会见面。”

会的，下次去韩国，我一定会找她们，直觉告诉我，过几天，我们在琅勃拉邦也会相遇的，有缘人不差那一天。

那么接下来的时间，当然是属于我们几个在万荣的聚会了。我们马上换装完毕，走到大街上狂欢，先在路边买个小吃，然后寻找一家人气餐厅，喝点啤酒，尝点万荣的汤汤水水。

这几天的万象、万荣实在热闹得不得了，可是生活也很休闲舒适。万象，最能感受老挝人生活的地方，小繁华的小城市。万荣，老外玩水和幸福的天堂。所有的人，在这里都是充满热情的，再见，下一站，琅勃拉邦。

从高处看到湄公河围着古城区，
古城区生长在一片绿色之中，一片安静与祥和。

两位背包客相约情人节

为什么，我要开始奋不顾身一个人走？明明很舍不得她们，明明很想跟她们一起走。无数的问号和矛盾缠绕我，是因为我想放手一搏，看看缘分到底是什么样子，还是因为我喜欢那种突如其来的意外？尽管会受很多的苦，会遭遇各种无法想象的挫折。我还是想要和你们分别，尽管我很喜欢你们，有时候，分别成为一种美好的预兆，什么时候，当这个世界上所有让人悲伤的词语都能变成最动人的情绪时，那就是在旅途一直下去的时候，你会发现所有的悲伤都在融化。

依然是夜班车来到了琅勃拉邦，当夜班车不再是一辆车，而成为我特殊旅程的象征和符号。售票的老挝大叔，把我用摩托车送到了上车的地方，我一个人在冷风中等了好久，还有几个外国朋友，我们是同一辆车，他们三人完美地作伴。而我，则一个人无聊地站在风里，旅途，这种一个人的时候，真正有一种自己是一个人在出走和流浪的感觉，回味无穷。

一上车，我发现我好像来自另一个世界，车内过于明亮，每个人的表情都一览无遗。每个人席位上的动作都会引起注意，很好，今晚不用睡了，车内的电视放个不停，上车的下车的，急拐弯急刹车。一晚上不曾睡着，如果我现在跟那几个韩国女生一起，可能还在继续派对？我总是选择夜里一个人离开，去追寻自己的世界和空间，我们，一定会再见面的。

很好，又在一个黑夜到达了另一个城市，凌晨五点。这回，在这种完全没有方向感的时候，坐车是不能省的了，和几个来自瑞典的女生一起坐了一辆 tutu 车，司机把我们带到了一家还在营业的背包客旅舍，我们完全没有任何选择。

连忙睡了几个小时就起来了，不敢睡懒觉，害怕错过任何美好的活动和事情，伴随着天亮，我才发现，我居然睡在十二人间，而且还是男女混住的！我看见睡得正香的西洋男子，我也看见了正准备出发的各种人们。

看看下铺是谁先，我一看明显是亚洲人，天啊，是中国人吗？还是韩国人？她正在睡觉，等她醒来，一定要跟她好好聊聊。

多人间的上铺，其实我有洁癖。好吧，我已经豁出去了，每次旅行进步一点点，以后，就可以把洁癖彻底改掉了。还好，这床单还挺干净的，旅行，让我克服很多的小障碍，明显提高了抵抗病毒和细菌的能力。

我决定等下铺起床，然后决定行程。现在，我先要把昨天落水的衣服洗掉，然后参观一下这个青旅。

我惊讶地发现，这里是最传统的老挝房子，一切都很“老挝”，木质的地板，院子里很多吊床，居然有人睡在那里！好喜欢这种惬意的感觉，住哪里、吃什么都好，都可以处于完全自我满足和完全豪放的状态，我好喜欢。什么睡草原、睡沙漠、睡地板，别提多带劲了。

在这里，要像老挝人一样走路，厕所上还贴了一张纸，解释老挝文化，教我们怎么像老挝人一样走路。是的，在这里，一定要把鞋子脱掉，鞋子要放在楼外面。

现在整理了一下自己和行李，总算清醒过来了，只有两小时的睡眠，也无法阻止我今天出去疯。

整理完了之后，我回到宿舍，我看见我的下铺也进来了，她看见了我首先跟我打招呼。

“Hello! Are you Korean？”

"Yes."

我连忙用韩语跟她打招呼，然后跟她说我是中国人，会说韩语。

她一听很高兴，连忙也用韩语跟我交流起来。

一拍即合，聊了几句，抓住重点，马上决定今天一起结伴。

她是昨天下午到的，后天下午离开，也是一个人的背包客。

我们没有具体策划去哪里，就是想着先一起出去，然后再说，大家都有一些想去的地方，慢慢来，一个个去。

"听说有两个森林公园很出名。"

"嗯，我也想去，骑单车玩也不错。"

"嗯，一起去吧。"

她叫熙珍，韩国大学刚毕业，这次是给自己的毕业旅行，她说很想体验东南亚的这种特别风情，这边有很多无限的可能，可以在这边当志愿者，可以在这边学习各种课程来丰富自己。

熙珍是昨天到的，她先带着我去市中心，然后我们两个朝着湄公河的方向走去。我提议先四处逛逛古城，然后再想办法怎么去森林。

琅勃拉邦初印象，热闹之中有属于自己的安详，有一种永远不被污染和打扰的高尚气息。

我们绕了几圈，来到湄公河。河边好多人怂恿我们坐船到对岸去，一家价格比一家低。我们两个人，包了一条大船，就意外地畅游湄公河了，好大的船，就我们两个，而且我终于、终于游了一次湄公河，看了它这么多眼，终于把它拿下了。

更没想到的是，河的对面另有玄虚，我们攀爬到了乡村小路，来到了山间小路，在无意间的美好之中发现了新大陆。

山上不仅仅有很多寺庙，还有很多老挝的村庄，很容易就走进他们的小村庄、小房间，可以看到他们原汁原味的生活。有的家庭已经开始工作，制作小吃，我们还和他们一起玩，一起开心聊天。老挝这边流行学习和说老挝话，见面都会说老挝语，老外见面也是，所以更加有亲切感，如果会说老挝话，那些人都会对你特别亲切和热情；如果你对他们微笑，他们同样会给你最美的微笑。

我和熙珍在村庄里跟着村民们一起学说老挝话，还帮他们烤鸡翅膀，那应该是晚上拿去夜市卖的。要看地道的老挝特色，还是要融入他们的生活，和他们一起生活。

我发现，越南、柬埔寨、老挝的生活习惯不同，还有饮食的不同，建筑的不同，人的不同。也感受了国外的清新乡村生活，路上遇见很多人，很多事。这回又有很多可以写了。

中午时分，我们找了两个法国的背包客，一起包车去看瀑布，琅勃拉邦有两个主要的公园，都充满着热带雨林风情，我们今天去的是其中一个，瀑布所在地是在白雪森林公园，是这边唯一可以骑大象的地方，可以看瀑布和大象。当然了，对于欧美人来说，最好的就是在森林里，从各个地方往湖水里跳水。

可以继续往瀑布上面走，进行森林探索，也可以进行高空的滑行，不过居然要35美金一个人，全程有1公里，看着他们玩，还是很刺激的。公园每片森林都不一样，因为它有属于自己的花和树，精灵和守护者，我喜欢一个人静静地研究地球上这些神奇的生命。

熙珍去骑大象了，就我一个人在森林里研究树木和胡乱拍一对照，比如树木的根和奇怪的叶子，还有各种小水潭。貌似上面的徒步路线也有趣，只可惜走了几步，发现今天自己实在不能徒步，就一个人拼命吮吸着公园清新的空气和绿意。

不徒步的，不仅仅只有我一个。很多人都是看了这个最大的湖就走了，我在周围不停地穿梭，听到了有人讲中文。

三个貌似来自中国的男子，正在湖边用超级大的相机进行专业拍摄。相机镜头就对着湖面和周围的树林，貌似在捕捉某一微妙的瞬间。但是我和熙珍一直讲韩语，他们也不知道我是中国人。

我们两个坐在这个公园最大的湖前面，由于是旱季，水没有很丰沛，我和韩国朋友还是跑到水里泡泡。而我，可能由于在万荣穿长裤，整个人泡到水里，似乎已经习惯了，又穿着长牛仔裤到瀑布里去了。我知道，这边衣服湿了，还是干得很快的，而且，不湿不痛快。现在，自从万荣之后，我看到水潭和湖，第一想法就是把自己弄湿再说。

服了自己，在这么一个小水潭里都能玩 high，水潭就我们两个人，我们也无视周围的人，像两个小孩一样。没办法，这人在旅行中是越活越小了，眼里的一切仿佛都可以成为自己的乐园。

我俩沐浴在森林里的小瀑布，呼吸着老挝的山林气息，然后就是坐在水潭边的几张凳子边，把裤子晾干。

旁边就是几个中国人，年纪三十左右，他们居然用英语跟我们打招呼了。

“Hello，Korean？”

“是的。”我知道他们是中国人。

“哦，韩国人会说中文？”他们讨论说。

“是的，我是会说中文的韩国人。”我还故意用韩式发音，其实我只是在开玩笑。

“中文说得这么好？”

“是的，其实我在中国长大。”

不一会，我又说其实自己是中国人，只不过会说韩语，看着大叔们一脸茫然和摸不着头脑，熙珍实在忍不住笑了，她终于表白了真相。

“怪不得，我说你就是中国人，她比较像韩国人。”

他们是来这边工作出差的，来这边做工程，其间一直要住在这里。老挝的中国人很多，让这里更加充满暖暖的人情味。

中国大叔们说他想跟来自韩国的朋友拍照，希望熙珍做他们模特。

我看了看熙珍，她说没问题。

熙珍今天戴了一顶东南亚风情的斗笠帽，也难怪会被邀请拍照。

后来聊完天拍完照，他们说让我们坐他们的车一起回去，还可以带我们去看浦西山的日落。

在车上的时候，我有一种感觉，如果旅行的时候到哪里都能遇见当地工作的中国人，就好了。

“今天是情人节，等下我请你们吃饭吧。”其中一位大叔说。

“你们出来，也没吃什么好东西，我们带你们去吃中国菜吧，好久没吃中国菜了吧？”

“在国外相遇，是缘分，大家就一起聚聚吧。”另一位大叔说。

“今天情人节，你们要吃好点。”

大叔们，你一句我一句的，我俩的晚饭也有了着落，而且也认识了新朋友，情人节的两位背包客，就这样有了充实的“情人节”。

我们回来之后，正好赶上浦西山的日落，多亏了遇见这几位大叔，直接就把我们带到山脚下了，有一位大叔，还说要跟我们一起上山，尽管他已经来过很多次了。这位大叔，长得有点像漫画里的某位卡通人物的造型，笑起来很喜感，就称呼他为“卡通大叔”。

“这山高不高，难不难爬？”我问他。

“不高，不难，就是走几步楼梯而已。”

不爬不知道，原来今天运动量最大的，竟然又是爬山！

虽然浦西山不算高，不过连续的楼梯真的让人疲惫。这就是这里的特色了，长长的楼梯，要拐好多弯才可以上去。不过还好，上山途中，一路欣赏阳光洒在山上、树林里、寺庙上那神奇的颜色，一路大家有说有笑地欣赏沿途的小寺庙，一路互相打气，也就没那么累了。

只不过，上山到一半，就要买门票了，票价便宜，“卡通大叔”帮我们买了门票，说是带我们玩，不用我们花钱。

气喘吁吁来到山顶，山顶早就已经坐满了人。最好的位置已经没有了，到处都是人，我们只能不停地移动，找到好的角度看日落。山上还有各种寺庙，从山顶的不同地方可以看到整个琅勃拉邦的全景。很美的日落，很美的琅勃拉邦，处在城里还没那么大感觉，一看全景，就更爱这里了。

从高处看到湄公河围着古城区，古城区生长在一片绿色之中，一片安静与祥和。不愧是整个城都被评为世界文化遗产了，从山上可以领悟到它被评选上的理由，而且，不说城里究竟有多少古老的寺庙，光是这山上，就有好几座不同造型的寺庙，或许还超越了日落的惊喜。

日落是完美的，琅勃拉邦的美在一天 24 小时内都是不同的，每一分秒的体验都不同。

大叔们果然守承诺，带我们到一家中国餐厅吃饭。当我看到“中国餐厅”几个字时，我真的是幸福死了。好久没吃辣了，韩国朋友也兴奋得不行。

没想到，他们居然点了这么多菜，而且都是我爱吃的，我这天天吃法包和三明治的，总算可以重见光明了。

出国旅行，最好的，就是遇到在当地工作的中国人了，他们真的很热情，会尽力帮助我们，而且出国见到老乡，别提多有亲切感了。这些在外工作的人们，他们离开家乡，远赴国外，还抱着一颗平常心，而且十分好客，帮助我们这些穷游的人。

“多吃点，多吃点，都饿坏了吧。”

看着满满一大桌的中国菜，我都舍不得吃了，也不知道吃什么，熙珍更是觉得不可思议。

后来还说到明天的计划，我们说想去光西瀑布。

“没问题，小周带你们去。”其中一名中国男子说。

“卡通大叔”脸都红了，连忙说好。

“我们大家都一起去吗？”

“是啊，我们三个也还想去看看，拍拍照，正好可以把你们带上。”

我和熙珍高兴得欢呼起来了。我们两个都很想去那个公园的，今天这个公园实在太不过瘾了。

我和熙珍，还有“卡通大叔”，一起逛了逛夜市，买了一些小纪念品，“卡通大叔”就把我们送回去了，然后今晚的情人节注定是难眠之夜，下半场还没开始。

我们的旅馆很有背包客氛围，认识很多外国美女，荷兰、加拿大，她们都一个人旅行。几个老外一起围着篝火唱歌，老外们边弹吉他边唱，大家互相认识，互相聊天，老挝啤酒真的好好喝。充实的一天。在这里能体会休闲自在的生活，好好感受老挝生活，轻松自在，无限畅快，每天都会有故事。

旅行出来，几乎把各个国家的人看了个遍，很想了解每个国家不同的文化。在我的旅行中，结交外国朋友也是重要的一环。这个世界上，太多奇特和美妙的人了，有时候觉得窥探不同的人种和美女帅哥，也很有意义。

可不，今晚，荷兰19岁美女，一个人的背包客，环游东南亚，不知道下一站，走到哪里是哪里，用微笑迎接任何未知的挑战。

老挝的啤酒真的是很好喝，自从在万荣和韩国女生们一起喝了之后就上瘾了，今天大家也点上几瓶啤酒，畅饮一番。东南亚，这个没有啤酒不欢乐的地方，无穷无尽的啤酒，是最大的享受，可以说，每天都不可以少。

青年旅馆，简直就是东南亚灵魂之中的灵魂，不知道有多少艺术家、有多少背包客、有多少侠客住在里面，打成一片，共同上路。爱上东南亚的其中一个原因，当然就是住在这些像大家庭一样的青旅里面了，不知道在这里会不会遇见另一个他。

地上已经铺好了一些薄垫子，有人直接就跪在地上，
我看着韩国女生非常虔诚地投入食物布施，又被感动了。

在大自然和美食中重回纯真年代

昨晚两点多睡，今天四点多就起床，时间对于我来说什么都不是。在旅行中，没有什么白天黑夜，睡觉可以在巴士和火车上随便凑合。

为何这么早起来？这回就不是为了看日出了，而是另有重要活动——来琅勃拉邦，绝对不可以错过震撼的布施。

走出青旅，还是一片漆黑，好一个漆黑的早上，打起精神，撑开眼皮，准备见识壮观的布施。在漆黑中，我和韩国女生，还有荷兰女子开始走向主街道，尽管漆黑，可是远远地已经可以看到和尚们出发了，而且快到主街道的时候，有很多人问我们买不买吃的给和尚。所谓布施，就是我们跪在地上，把各种吃的放到他们桶里，

我们并不算最早的，很多人已经跪在地上了。

太壮观了，今天参加的僧人们很多，统一穿着黄色袍子，统一手里拿着小桶，和尚们先是绕着街道走一圈，然后再走回到大街上。

我们赶紧买了一些吃的，有米饭、饼干、香蕉，这些都是为和尚们准备的。僧人一个个走过，我们就把食物放到他们的碗里，碗里冒着热气，是米饭的香味。

地上已经铺好了一些薄垫子，有人直接就跪在地上，我看着韩国女生非常虔诚地投入食物布施，又被感动了，旅行，不仅仅是看风景，还可以去到一个地方，把自己的爱心，把自己的祝福送给当地人，这样才有去过的意义，如果仅仅是看风景，那永远只是一个人的美。旅行，就是把爱带到世界各个地方，传播爱，就是旅途的快乐。

荷兰女生参与完布施，说要回去补觉了。而我和熙珍，则还有一个重要的任务，就是骑单车环绕琅勃拉邦，这是韩国女生的心愿，她昨晚就把单车租好了。对于老挝的文化，她之前从书上看了很多，包括这边的美食文化、宗教文化，当然还有语言。跟她出去，她都会用微笑和当地的语言和当地人打招呼，拉近他们之间的距离。我们作为游客，是希望互相之间给对方带去微笑和友好，这次旅行，我又觉得学到了不少，跟着她说老挝话，跟着她一起跟当地人交流。

熙珍说她可以搭我，不用多租一台单车，知道我穷游，让我省钱，我这回终于可以感受一下被别人搭的感觉了。

单车之旅，再次感受这里的村庄、生活、街道。这里没有大城市的压力和拥挤，清新极了，房子很别致，依山傍水。这里的人是我在老挝看见过的最亲切、最可爱的了，他们的幸福感很强。沿途，经过很多的寺庙，我们两个也不放过，都要仔细观摩一番，比如寺庙上有很多的画，其实也很有趣，每一个细纹，每一个笔画的勾勒，都有它的意思。

可是这里的路有一些上坡的，韩国朋友搭着我，我感觉她有些吃力了，我终于体会了被搭的那种感觉，那就是，我恨不得我搭她，只可惜，她比我个头大太多了。

这次骑单车，没有特定的目的地，走到哪里是哪里，闭着眼睛，随便转弯，无论怎么走，目的都是要把恢宏的各种寺庙和民居转个遍。那些徒步不能到的地方，我们想越骑越远，越偏越好，无意中看到更多的寺庙。

每到一个寺庙，我们都会停下车来观赏，每一个都会把我们深深吸引过去，每一座寺庙因为它的历史而美丽，因为它的造型艺术而美丽。讲述着不同人物，不同传统故事的寺庙里，让人感受千年佛教文化的琅勃拉邦的震撼。

虽然我们看寺庙看得非常欢乐，可是在这里骑单车并没有想象的轻松，感觉东南亚的车子骑起来怎么都骑不快，这边是多么拒绝快节奏的生活，多么崇尚“慢慢地走”啊！

“姐姐，你还好吗，我下来走吧。”

“没事，我可以。”

这个画面真的好熟悉，我想起了之前我搭着娟娟，我们一起拼了命地前进，她担心得要死，我累得死去活来，却一直说自己厉害得很，完全没问题，她一点也不重。

虽然熙珍姐这么说，我还是可以感觉到她的累，琅勃拉邦的路，坡也很多，而且我们在居民区经常迷路，只能靠着寻找浦西山的方向来行驶。

我们回到旅馆还车，马上赶去中心街道，与三位中国男子会合，正所谓马不停蹄，生命真的是分秒必争，青春就是拿来东奔西走，跳跃翻滚的。

大叔们开车带我们来到景区，“卡通大叔”自告奋勇，一下把大家的门票都买好了，还给每人发一瓶水，服务周到。

这个公园明显要比白马公园大气多了，可看之处也更多，复杂的森林构造中，最大的亮点就是在这里放飞自己灵魂和身体的疯狂的人们，不时有正在飞跃跳水的猛男酷女们，清凉不断。

在森林里，走走路，踩踩瀑布水，呼吸清新空气，多么美好，各种瀑布分布在山上，形状各不同。还有各种姿势的跳水，女生穿着性感的比基尼，来到这里，就是来尝试全方位的跳水、玩水、从林探险。虽然这里被称为“翻版九寨沟”，但是两者还是有天然的差别的，首先就是九寨沟不能游泳，而这里不仅仅能游泳，还能跳水。说像九寨沟，是说地质结构有点像。

从森林回来之后，熙珍的琅勃拉邦之旅也结束了，可以说她想做的事情都做了，没有什么遗憾了，而我则继续我的老挝之行，从森林公园回来的路上，在大叔们的帮助下，我正好也去车站，把到昆明的夜班巴士车票买了。好贵，还不如直接飞北京，可是，我还是选择先到昆明，再从昆明飞北京，我又开始折腾自己了，不过我已经折腾惯了。我想感受一下从陆地回国的滋味，想再到昆明看看，看看我美好祖国的山山水水。

大家不舍地送走了熙珍，差不多正好到了吃饭的时间，“卡通大叔”说要跟我一起去吃饭。我还以为又是大家一起，谁知道另外两大叔说他们要开会，就只有我和“卡通大叔”一起去。

“小钟，想吃什么啊，想吃什么就去吃什么，我请客。”“卡通大叔”对我说。

怎么办？这样可不好吧，又让别人请吃饭，不太好，不太好，再怎么穷也不能这样的。

“去吧，吃个饭而已，随便吃一点，补充补充营养。”

我正想说什么，突然听见有人好像在大声叫我。

“姐姐，姐姐。”

我回头一看，是她们，是她们，正是那三个韩国女生，她们正激动地呼唤我。

看到她们，我真的高兴坏了，她们还是那么阳光，那么美。

我们激动得立即围在了一起，我就知道，一定会遇见的。

她们问“卡通大叔”是谁，我就把我的奇遇告诉她们了，她们的出现也为我解了围，一听说要一起吃饭，“卡通大叔”就说请大家一起吃饭，韩国女生也高兴死了，有人请吃大餐啦。

我们去到美食街，美食小街。窄小的巷子里，汇集了老挝的各种特色美食，烧烤、主食、小吃，价格很便宜，一万基普一碟，任意挑选，粉、米、面、蔬菜、水果，多种多样。堆满了外国人，比大排档还大排档，因为不透风，烧烤的火，热气冲天。

“卡通大叔”给我们拿了一堆吃的，好像不要钱一样，烤鱼、烤鸡，各种老挝的主食，把整个桌子都摆满了，由于一碟是任吃的，上面都堆满了，今天是要敞开肚皮吃一顿了。

美食街，真的是好多人。在这里，不会寂寞了，有这么多人的陪伴，这是天下最不会寂寞的地方，最能拯救孤单的青春。好多美食，样样都很实在和够分量，大鱼大肉，一次性满足你，而且超级便宜。

吃饭的时候，我一直和韩国女生没完没了地聊天，完全有点忽略“卡通大叔”了，我们又讲韩语，他更郁闷了。的确，此时此刻，我的心里只有韩国女生，能再次见面，真的别提我有多开心了。

“等下我打算和小钟去河边散散步。”吃完饭后，他终于爆发了，对韩国女生说。

“小钟啊，要不去散散步吧。”

其实我正想去散步，而且怎么说也是中国老乡，不能说别人带你玩，请你吃饭，你就一脚把别人踢开吧，于是我也没有推辞。正好韩国朋友说要去夜市，大家便就此分别。不知道为什么，总有预感，我们还能见面，明天一定还可以见面。嗯，在东南亚，见面不需要约定，某个地点就会相逢。

我和“大叔”沿着河边散步，晚上的琅勃拉邦也真的是美极了，美得都不想走了。

“要不要坐下来喝点东西？”

“不用了，吃太饱了，就想散散步。”天哪，两个人单独相处，要怎么交流？还是不要了吧，赶紧逛完开逃。

“在河边，坐坐多好啊。这么难得来一次，老乡见面，真是缘分啊。”

“想早点回去了，昨晚没睡觉。”

“好吧，等下送你回去。”

我的注意力几乎都在拍夜景里，这些优雅的餐厅，无时无刻不透露着浪漫，把这些风景拍下，感觉人都会变得有气质。浪漫的灯光，优雅温暖，没有其他城市的闹腾，多了清净。最爱那些小灯光，还有小造型。

在这种暗暗的小灯泡的光亮之中，我真的觉得世界可以就这么安静多好，不要吵闹，不要大声喧哗，不要动脾气，不要大嗓门。都这么默默地、安静地过自己的生活，该有多好。

逛了一大圈，我说我要回去了，“大叔”怎么也要送我回去，我也不好意思硬把别人撵走，他就这么跟着我，一路把我送回去了，一路上，我继续沉默，他却也就这么默默地跟在我身边。回到旅馆了，他还不走，硬是要看我上楼了才走，好吧，看这么一位老实的“大叔”，我也就不多说什么了。

今晚的旅馆没有派对，大家貌似都到店里 happy 去了，不过，依然有人在客厅上网、聊天，各有各的生活。回到旅馆，真的觉得好温馨，虽然没有外面那么繁华热闹，不过这里都是背包客，一点也不会觉得孤单。

今天一天都是满满的，但是，一回到旅馆发现“大叔”又给我发短信，还约我明天一起吃饭，我说我约了韩国朋友，有了安排走不开，后来他又说想见面，说什么也要在我走的那天要去送我。

我想他只是说说而已，那么早，谁会来，不过叫人“大叔”好像有点过分，人家最多比我大几岁。

走在路上，会遇到很多僧人。他们在路上打着伞，
两人同撑一把伞，就跟画上看到的情景一模一样

琅勃拉邦，我，青春，对话

特别喜欢路，很想把一个小城的所有路都走一遍。今天，就是要把琅勃拉邦走一遍，一个人想走哪就走哪，从寺庙到湄公河，一直走。把各种小路、小巷子都走一遍，没有计划地漫步，让各种灵感迸发，让人生走得脱胎换骨，焕然一新。

当我踏出第一步，我就仿佛行走在佛教世界的大花园里。我一个人的百般精彩，再次一个人细细品味，仿佛是把琅勃拉邦装进了生命里。这里的人，这里的氛围，我早已熟悉，不再以旁观者的身份来探索这个城市，而是从一个热爱的角度来回顾，来记忆。

原来一个地方可以这么的精致，每走一步，不同的视野里透露出不同的感悟和味道。之前的大风大浪，所谓的人生百态、千回百转都已经过去。如今，在最后一天里，我要好好享受这天高云淡，鸟语花香，还有五彩缤纷的建筑。心，很平静，越是在喧闹的地方，就越能保持一颗平静和淡泊的心。

不想仔细说某一个寺庙或者建筑的名字，因为，在我眼里，名字不重要，这里所有的一切都是风景，都一样。

所以，不想按照任何攻略和游记上的顺序来游览这个城市，只想随意地慢走，走走停停，用心灵和眼睛去看这一切微笑事物里的文化和感情。沿着主街道走，看寺庙、拍生活、拍人物，上幼儿园的孩子，工作和学习中的僧人，还有夜市旁边的一所学校，可以看到里面学生上课的样子，以及他们下午参加体育活动的画面。

走在路上，会遇到很多僧人。他们在路上打着伞，两人同撑一把伞，就跟画上看到的情景一模一样，瞬间，我就被感动了。感动我的，还有这里人们淳朴的微笑，简单却实在的生活，还有外国人和当地人的其乐融融。每个寺庙里工作学习的小僧人们，给我留下了很深刻的印象，看着这样一幅幅的画面，我内心都变得柔软了，这里，是感人的琅勃拉邦。

这里，适合慢慢生活，体验老挝民族文化特色，需要呆一段时间，给自己来一个人生的洗礼，学习做自己，学习生活。

走走两座房子间的小路，布满鲜花绿树，很美。这里的每栋房子都被各种植物环绕，围墙上爬满了鲜花，房子就像小别墅一样，近距离接触着鲜花绿树。这里是充满芬芳的清新小古城。沿着江边走完，其实琅勃拉邦就是三条平行的大路，一条是沿着南康江，一条是洋人街，一条是靠着湄公河。河的两岸布满了各种餐厅，还有好多小木桥，把两岸连接起来，豪放的欧美背包客们，直接就在河边的沙滩上晒日光浴。我沿着河岸走了走，再逛了逛河岸边的商铺和餐厅，就顺道走回了旅馆。

睡个懒懒的午觉，享受温暖的老挝气流，和我们背包旅舍的店员踢了一回小足球，类似中国的蹴鞠。店员们很可爱很好玩，虽然他们英语不好，但是很淳朴。住在这家旅馆三天，每天都会和他们开开玩笑，他们说他们很喜欢中国。在这个背包客旅店里布满了各种欧美背包客，他们可不像我整天暴走，他们宁可在旅舍的阳台上喝喝茶，聊聊天，睡懒觉。对于他们来说，东南亚，绝对是完美的疗养天堂。他们在这里，喜欢待久一点，不赶时间，不赶景点，结交各地朋友，享受老挝的阳光，感受异国风情，追求东南亚的本质生活。

而我则不同，我喜欢走路，我想走的路还有很多很多，于是在结束了旅舍的活动之后继续我的逛走，把所有能去的地方走了一遍，一个人静静呼吸这座古城，每一条小路、每一个小坡都值得纪念。

路上有很多精致的小店，展览和出售各种艺术品、手工制品和纪念品，东南亚的绘画艺术的确很棒。

不要觉得一个人会很无聊，为自己欣赏的作品而驻足，为自己满意的艺术而逗留，有它们在，一切都不无聊。

今天，再也没有人走进我的旅行生活了，我自己跟自己的心灵对话，彻底地看自己，看这个世界。

在中央市场的时候，我又巧遇了在万荣遇见的韩国女生。昨晚遇见，今天又遇见，简直难舍难分，很喜欢她们，可爱善良又勇敢，她们还送给我一支可爱的笔作纪念，一支粉红色、少女心思的笔，我会一直保存这支笔的，我要用这支笔写下我们的青春故事。

她们问我和她们一起去泰国吗？其实我回国没有什么大事，但是我又觉得自己应该做点什么事情，于是说不去了。其实自己内心还是很想去的，不过觉得时间还是不充裕，下次如果去泰国会打算在那里呆久一点，所以，还是赶紧回北京拼搏一下，下次再出门吧。

或许如果不考虑这么多的话，我会跟她们去泰国，因为我们的故事还没有开始，我不想就这样结束。但是下一次旅行，更是一场新的故事，人生不需要想太多，命运总有安排，不要觉得遗憾，也不要觉得不舍，对任何事情都看开，永远保持乐观向上的态度，相信更美好的未来吧。

最后一天，我们要大吃一顿，要弥补遗憾，依然是美食小街，一大盘菜，吃得超级饱。大排档，东南亚的特色，真热闹，真有生活的气息，都是欧美背包客，都是一家人。这里真的好便宜好便宜，大鱼大肉和各种主食小吃全部想吃一遍，这里永远热闹非凡，所有人平等地挤在桌子上一起吃，吃得汗流浃背，整个巷子都香气扑鼻。

老挝的法包做法又和另外两个国家的不同了，个人感觉最喜欢老挝的，在烧烤方面，三个国家都差不多的口感，不过越南的海鲜多，而老挝的是鱼好吃，柬埔寨是各种炒食非常够味。强烈推荐老挝的糯米饭。

最后，我们一起去做了传统的老挝按摩，我觉得比泰国按摩要用力，每个点的力量要大，但动作没那么复杂多变。

永远不想结束，不想回旅馆，买了一些这边的特色小零食，把身上所有的基普花光。难受，太不舍了，太不想回到现实。真的难过，旅行，永远不想结束，我还没有参加这边的烹饪课程，还没有到皇家剧院看传统文化表演。不过到哪里都是有遗憾的，这边的活动太丰富了，丰富得可以不用拍拖，可以一个人尽兴。

是的，今天没有男人在我身边，我反而觉得更加自在。一个人，也可以旅行得很好，到今天为止，我的伤口已经痊愈了，看透了，不再给自己压力了。

琅勃拉邦，真的是适合发呆的好地方，没有那么喧嚣，也不缺少活力，满街的僧人，满城的寺庙，被鲜花包围着，这里有着古老，也有着新的生命和希望。小吃街美食多多，走过很多街道，你会被各式人事感动。这个地方清新中有点文艺，周边的瀑布、森林、村庄等也都是亮点。

终于，旅行中的所有、所有，一幕幕画面，
让我彻底地觉悟了，放松了，压力也没有了。

为了目睹从琅勃拉邦到昆明的风景，为了继续寻找某些不同的色彩和风景，继续感受各种旅行感觉，我选择了坐一天的巴士回昆明。还可以在车上看风景、听歌、写写东西、思考与凝聚。给旅行的结束一点缓和与沉淀、酝酿，别赶路，别那么快离开，给点时间好好回味这段旅行。

今天是回国的日子，要回北京的地下室了，要离开阳光，继续感受冬天的寒冷了，但是我知道，回去之后，我会有更多力量，晒了差不多一个月的阳光，一定会让自己更加阳光。

一大早，天还没亮，因为我要走去汽车站，所以要早点出发，东南亚是完美的折腾世界，黑夜成了白昼，能徒步就徒步，最后一天，坚决把穷游坚持到底，即使要走一个小时。让人意外的是，“卡通大叔”真的来了，这么早，这么黑，我还以为他只是说说，没想到还真的来送我去车站了。

他还给我买来了水，还想各种搭话，但是，我知道，我们两个是完全不同世界的人，以后不会有任何交集，一丁点都不会。所以，他现在跟我说的任何暗示的话语都没有用。我只要顺利上车，他就再也不能找到我了，从朋友的角度，我还是很感谢他所做的一切，只是，谢谢而已，给他增添一点美好的记忆。

没想到，在走的最后一天，还有人送我上车。可惜，不是自己喜欢的人，我也庆幸，只是一个过客，不用舍不得，不用怀念。在路上，他一直想跟我拉近距离，想更多了解我，想以后可以见面。

“回国了，继续联系哦，下次再来玩。”

“嗯。”我没看他，有点应付地回应了一句。因为，对于不可能的感情，我不会给对方任何希望，不想伤害对方，既然我知道不会见面，我也不想再拖沓什么，我不喜欢，就是不喜欢。但是，又不想显得自己那么绝情，至少，普通朋友是可以的。只是，他让我的感觉太有负担了，很多事情是不可能的，我不是看不起他，只是如果不是对的人，绝对不要浪费别人时间和精力。

“怎么了，怎么连看都不看我一眼啊。”

“我快步走路的时候，不喜欢说话。”我现在真的心里一心只有快点走到车站，我是“汉子”，一直都是，坚持把汉子的角色扮演到最后。

到了车站，他怎么样也要看我上车。

车开走了，我在窗口对他摇了摇手，整个人也舒了一口气，终于一个人自由了，有一种摆脱的感觉，他会很快忘了我的。

坐在车上，其实我的心情很复杂，我不舍得东南亚，不舍得那种无忧无虑的慢生活，什么都不用考虑。又要回到北京重新拼搏了，我为什么还要回去，我不甘心，我怎么样也要再发挥创意地去闯闯，怎么样也要赚点钱，再去旅行，没错，赚了钱，我就再去旅行，发挥人生的最大价值。

经过这一趟，我真的不害怕什么地下室了，我也知道了自己去了北京应该怎么重新活。本来可以不回北京，直接回家，和父母一起，可是我发现，我还有未完成的事情要去做，我的书还要出版，我打算在北京申请读研究生，继续学习，继续旅行。旅行结束，我终于看清了自己的路。回去又是昏天暗地的拼搏，会和这里的生活截然不同，需要时间去适应，可是，我现在心里似乎充满能量去应对一切了。

终于，又看到这些大山了，又行驶在山路上了，熟悉的感觉，又回来了。每次旅行，都离不开看山，山，一个地方的灵魂，好想攀登这些山，在山下的清泉里划水。来的时候，哭了，走的时候，依然哭了，泪水的意义却不同了，有了更深刻的含义。

今天天没亮就到昆明了，只好继续呆在车上，直到天亮，刚好师傅要去机场，我决定先去机场寄存行李，然后再去玩。差不多十点多才出发，坐52路到大观楼公园，全部逛完了，花了大概两小时，好幸福的地方，来这里的家庭们都很开心，海鸥好多、好美。刚好碰上郁金香节，各种颜色的都有，美死了，简直像逛花市。桃花也开得很美丽，树上全部长出了新芽，好一个清新翠绿的世界啊，在澄净的湖面上划划船，或者在草地上坐坐，或者散散步，甚至可以在椅子上休息，开展各种娱乐活动。最开心的，还是看着大家开心喂海鸥。

上次来昆明，没有去滇池，这次一个人去了滇池，很多拍结婚照的，很多幸福的家庭，从异国的幸福之地，到国内的幸福场所，我终于真的明白了，真的醒悟了，我要的幸福，其实很简单，就是和他们一样，和爱的人一起。

终于，旅行中的所有、所有，一幕幕画面，让我彻底地觉悟了，放松了，压力也没有了。我要好好活着，而不是压抑自己，只有自己好好活着，才有未来，我们，不是为了未来而活，而是享受活着的一分一秒。

回到北京后，非常怀念东南亚的生活，休闲自在，简单美好，没有地下室，没有拥挤的交通、浑浊的空气，每天在旅途中都会不断思考人生、生活、幸福等，回来后，自己感觉收获多多，很多想法跟以前不一样了，或许是被那些美景所感染，或许是真心地懂了自己想要的。

旅游没必要想那么多，随心所欲才是最好的。看景点很重要，找体验也很重要。所以，珍惜旅途时光，发现最特别的感受。老挝之旅，为美食之旅、感性之旅，一个人的勇敢之旅。还好，在路上遇见几个韩国的朋友，和她们玩得非常开心，而且，也锻炼我的韩语了，旅途中的同伴，也是非常重要的。因为他们，我的旅程更美好。

旅行，除了看风景，更多的是看人。了解世界，了解自己，了解生活。来老挝，完全不奔景点，而是感受山水生活中的随意、快乐，体验东南亚文化。一路走下来，一个月，感觉才刚开始，好想继续走下去，本来想去泰国，可是机票订不下来，而且想下次再单独好好去一次泰国，呆个一个月差不多，否则只是去几天没意思。

一路从这三个国家走过来，一路见证湄公河的传奇，越南的丰富多彩，柬埔寨的古老深厚，老挝的自然和小小城，处处都充满着风情和生活的浓厚气息，不可错过的大排档，啤酒、海鲜、烧烤、果汁，各种王宫和寺庙、古镇和村庄，当然还有海边、阳光、沙滩、森林、湖水等自然风光。说不完的故事和美景，读不完的生活情趣，山山水水之间，小岛丛林之间，感受生活的惬意，抛开一切的琐碎繁事，潇洒走一回。就把自己流放在任何一个地方，呆上一段时间，真正地过无忧无虑的生活。

回顾了自己这一个月的行程。

第一站，越南。感受越南文化，寻找生活中美好的风景，当然还有就是挑战自己。让自己更专业地去旅游，提高旅游技巧，如何更好去旅行，走最多的路，看最多的风景。越南，一个吃喝玩乐的好地方，越往南越美，河内、下龙湾、宁平、顺化、会安、芽庄、美奈、胡志明市。从首都，到“海上、陆上桂林”，再到古城，再去到海边小城和海港，再到现代化都市，眼花缭乱了，每天都非常丰富。

第二站，柬埔寨。除了震撼的吴哥寺庙群，其实还有很多人文风情，从寺庙里、从夜市中，还有宽大的马路、乡村里，都可以领悟到古往今来、大千世界的奥妙。然而，这里，也是挑战自己的地方，在狂热的天气里，完全融化到它的怀抱里。

第三站，老挝。魅力无穷的休闲国家，这里，你总会有自己的一个天堂，从南往北走，各种自然景观和小城风光，默默打动着我。

无论旅途中有怎样的意外和辛苦，回想起来，依然是非常美好的，这段日子走过的路，遇见的人，看过的景，还有到过的每一个小角落，每一个小街道、小空间都充满着神奇的回忆和满满的感触。东南亚之行，见了好多国家、各种打扮和造型的外国人，大开眼界。更让我觉得开心的是，每天都走了很多路，不断地挑战自己，通过走路，徒步去经历各种故事，寻找各种故事，细细品味每个城市的精华。